なつかしくて新しい
あえものサラダ
河村みち子

なつかしくて新しい味、
「あえもの」を毎日つくっています。

旬の野菜はいちばんのごちそうですね。
野菜をおいしくいただきたいので、せっせとあえものをつくっています。
いつの頃からか京都が好きになって、今も時間のあるときは京都に通っています。
もちろん第一の目的はおいしいものをいただくことです。中でも旬の野菜を使ったお料理は、
毎回、新鮮な感動を与えてくれます。繊細でありながらとても勢いのある味わいに
何度心を打たれたことでしょう。あえものに心惹かれていったのは、
京都の野菜料理との出会いが原点だと思っています。

ふだん、食卓にのぼる野菜料理というと、洋風のサラダが多いと思います。
四季折々に旬を迎えるさまざまな野菜に恵まれている日本だから、
ドレッシングであえたサラダだけでなく、いろいろな味の野菜料理を食べたいと思っています。
それにはあえものがおすすめです。

小さいときから食べてきた「あえもの」を基本に、新顔の洋野菜を使ったり、
イタリア風にオリーブオイルやレモンであえたり、韓国風にごま油とにんにくであえたり、
エスニック風にナムプラーであえたり、とあえものの枠を広げていきました。

思い立ったら、ささっとつくれるところがあえものの大きな魅力です。
「よし、つくるぞ」と気構えることもなく、
手間暇かけずに食べたいときに、思いためらうことなくすぐにつくれるのがあえものです。

そんな気楽さが、毎日あえものをつくっている大きな理由のひとつです。「なつかしくて新しい味」。
しみじみとおいしいと感じるあえものは、私の毎日の食事になくてはならないものなのです。

CONTENTS

なつかしくて新しい味、
「あえもの」を毎日つくっています。 3

いろいろトマトのあえもの 6
シーザーサラダ 10

オリーブオイルであえましょう
えびと帆立て貝のセビーチェ 14
やりいかのガーリック風味サラダ 16
グレープフルーツとアボカドのサラダ 17
焼きなすのレバノン風 18
たこポテト 19
豆腐とアボカドのサラダ 20
かつおのたたき レモンしょうが風味 21

ごま油であえましょう
みょうがと搾菜のあえ麺 22
明太子ディップ＆ブルスケッタ 24
青梗菜とじゃこの焦がしごましょうゆあえ 25
豚肉のチャプチェ 26
きゅうりのナムル 28
小大豆もやしのナムル 28
根三つ葉のナムル 29
にんじんのナムル 29

だししょうゆであえましょう
青菜としめじのだししょうゆあえ 30
えびと冬瓜のだししょうゆあえ 32
焼き万願寺唐辛子のだししょうゆあえ 33
貝割れと油揚げのだししょうゆあえ 34
初夏の野菜のおひたし 35

ポン酢であえましょう
ポン酢油淋鶏 36
かにとレタスのポン酢マヨあえ 38
春キャベツと絹さやのポン酢あえ 38
長いもとオクラのわさびポン酢 39
鮭のソテー ゆずおろしあえ 40
小松菜の磯おろしあえ 41

麺つゆであえましょう
トマトそうめん 42
揚げだし豆腐 44
サラダそば 44
なす、かぼちゃ、いんげんの揚げだし 45

ナムプラーであえましょう
ヤム・ヌア（タイ風牛肉サラダ） 46
クレソンと豚肉のサラダ 48
えびのから揚げ、ナムプラー甘酢あえ 49
タイ風春雨サラダ 50
ゴーヤーとオニオンスライスのピリ辛あえ 51

ごまであえましょう
- せりとにんじんのごまあえ 52
- ブロッコリーの黒ごまあえ 54
- なすといんげんのごまあえ 54
- 鯛のごましょうゆあえ 55
- 和風コールスロー 56
- 鶏ときゅうり、こんにゃくのごま酢あえ 57
- 豚の冷しゃぶ ごまソース 58
- 水餃子 ごまソース 59

定番のあえもの
- 菜の花の辛子あえ 60
- たことわかめの酢のもの 61
- ほうれん草のおひたし 62
- やりいかとふきの辛子酢みそあえ 64
- 春菊の白あえ 65
- まぐろとわけぎのぬた 66
- れんこんの梅あえ 66
- たけのこの木の芽あえ 67

あえものの素をつくりおき
バジルペースト 70
- グリーンアスパラガスといんげんのバジルペーストあえ 70
- スパゲッティ バジルペーストあえ 71

アンチョビーオイル 72
- 焼き野菜のイタリアンマリネ 72
- 焼きねぎのアンチョビーオイルあえ 73

白あえごろも 74
- スナップえんどうとパプリカの白あえ 74
- 柿の白あえ 75
- せりと焼きしいたけの白あえ 75

大根とにんじんのなます 76
- 豚とえびのベトナム風サラダ 76
- スモークサーモンのなますあえ 78
- ツナサラダのなますあえ 79

牛肉のしぐれ煮 80
- しぐれ肉じゃが 80
- せん切りサラダのしぐれ煮あえ 82
- ビビンバ 83

あえもの常備菜
- 温野菜のサラダ 84
- 小アジの南蛮漬け 86
- 白菜の甘酢漬け(辣白菜) 88
- アスパラガスのだししょうゆあえ 88
- ポテトサラダ 90
- レンズ豆のサラダ 90

たれやソースの
つくりおきレシピ 92

素材別さくいん 94

マークについて

1～2時間前からつくっておいても、
おいしく食べられます。

前日からつくっておいても、
おいしく食べられます。

※計量単位は、1カップ=200mℓ、
　大さじ1=15mℓ、小さじ1=5mℓです。
※火加減はとくにことわりのない場合は中火です。
※塩は自然塩を、こしょうは粗びき黒こしょうを、
　砂糖はきび砂糖を使っています。
※だし汁は昆布とかつお節でとったものを使っています。
※この本ではエキストラヴァージンオリーブオイルは、
　EXVオリーブオイルと表記しています。
※野菜をゆでる湯の量は1.5ℓ、塩は小さじ1を目安にしています。
　野菜の種類や分量で、湯、塩の量は加減してください。

おいしくつくるコツは
「野菜の水気を拭く」
「混ぜすぎない」のふたつだけ。

おいしいあえものをつくるためにはどうしたらいいのでしょう。
何もむずかしく考えることはないのです。
あえごろもやドレッシングの味がぼやけてしまわないように、
野菜の水気をよくきってください。たとえば生野菜だったら、
洗ってから水気をきって、さらにふきんなどで大きく、そしてやさしく
包んで残っている水をできるだけぬぐいとってください。
ゆで野菜も同じ。たとえばほうれん草などの青菜はゆでて水にとったら、
やさしく絞ります。力を込めて絞ると、野菜の旨みまで出てしまうので、
ここは加減してやさしく絞ってください。食べやすい大きさに切ってから
あえる直前にペーパータオルでそっと押さえて余分な水気を拭き取ることが
ポイントです。この一手間で、ぴたりと味が決まるはずです。
そして、もうひとつ。意外かもしれませんが、あまり混ぜすぎないこと。
混ぜすぎると野菜や魚介などがくずれたり、
素材の旨みが流れ出てしまう原因にもなります。
だから、ソフトに、さっとあえてください。ときには、ボウルなどでは
具材とあえごろもを合わせる程度にしておいて、器に盛りつけることで
自然に味がなじんでいく、ということもあるほどです。

いろいろトマトのあえもの

最近はいろいろな種類のトマトが手に入るようになりました。ミックスして売っているので、そのままサラダに。ちょっとめんどうですが、皮を湯むきして使うと、ドレッシングがよくなじんで一層おいしくなります。

材料（2〜3人分）
ミニトマト
（赤、黄など合わせて）　500g
ドレッシング
- 塩、こしょう　各少々
- あればバルサミコビアンコ
  （P.16参照）　小さじ2
- EXVオリーブオイル　大さじ3
- バジルの葉　適量

つくり方
1. ミニトマトは湯むきする。ヘタを取って下の部分にナイフで小さな切れ目を入れ、熱湯に5〜10秒入れて取り出し、皮をむく。
2. ボウルに入れてドレッシングの材料を順に加えてあえる。

あえものは
旬の野菜がたっぷり
食べられます。
元気な野菜で
つくってください。

毎日の食事で季節を感じるのは、なんといっても野菜です。
春になったら菜の花やスナップえんどう、暑くなってきたら
トマトやきゅうり、というふうに、私たちは自然に季節を
お料理に取り込んでいるのです。
季節の野菜を楽しむために、私はあえものをつくります。
和風にごまであえて、シンプルにオリーブオイルと塩であえて、
ときにはナムプラーであえてエスニカルに。
あえものは味を自在に変えられます。いろいろな味で
あえることで、たとえ同じ野菜であっても飽きずに食べられます。
だから春キャベツだってブロッコリーだって、
丸ごとひとつを使いきり。季節限定の野菜を十分すぎるほどに
堪能できることも、あえものに惹かれる理由のひとつです。
生野菜で、ゆで野菜で、焼き野菜でつくるあえものは、
和・洋・中の枠を超えた「あえものサラダ」として、
毎日の食卓を賑わせてくれるはずです。

元気な野菜づくり

野菜は洗ってから必ず「養生」をしてあげてください。ほうれん草や春菊ならば根がついたまま10分ほど冷たい水につけて水分を吸わせます。アスパラだったら切り口を、いんげんならば全体を水につけておきます。たっぷり水分を吸収した野菜は、ゆでた後でもシャキッとした歯ざわりでみずみずしいものです。勢いのある味わいのあえものができ上がります。レタスやサラダ菜などを生で使う場合は、全体を洗ってから、レタスは芯をくり抜いて、サラダ菜はそのまま冷水に10分ほどつけたあと、ふきんでふんわり包んで30分以上冷蔵庫で冷やしておきます。元気いっぱいの野菜たちはドレッシングやあえごろもであえても、パリパリのまま。お友達とおしゃべりしながらゆっくりいただいても、パリパリ感は長持ちしてくれます。

肉や魚とあえれば、
ボリュームたっぷり。
主役の一品になります。

小鉢だったり、副菜だったり、あえものは小さなお料理に
なりがちですが、私は少し多めにつくって野菜をたっぷりいただきます。
また、肉や魚とあえて、その日のメイン料理にすることもあります。
たとえば、しゃぶしゃぶした牛肉や豚肉、蒸した鶏、
カリカリに炒めたベーコン、お刺身などを野菜とあえます。
思いきって大きなガラスボウルや大鉢に盛りつけて、
テーブルの真ん中にドンとおけば、堂々の主役に。
お客さまのときは旬の野菜を彩りよく組み合わせて、
いくつかのあえものサラダをつくります。
テーブルにお出ししたとたんに歓声が上がり、みなさんの目が輝きます。
おなかも満足、楽しい時間が演出できるのです。

シーザーサラダ

ロメインレタスのパリパリとした
クリスピー感がおいしさのポイント。
歯ごたえのよい内側の葉を使います。
淡白な味のレタスにベーコンや
チーズの旨みを添え、ガーリックやこしょうの
アクセントをきかせて、のびやかな
アメリカンテイストを楽しんでください。

材料(3〜4人分)

- ロメインレタス　1個
- ブロッコリー　1/2株
- ブロッコリーをゆでる塩　小さじ1
- ベーコン(塊)　100g
- にんにくの粗みじん切り　大さじ1
- オリーブオイル　大さじ1
- EXVオリーブオイル　大さじ3
- ドレッシング
  - レモン汁　大さじ1
  - 塩　小さじ1/2
  - こしょう　少々
  - あればセロリソルト　少々
- クルトン※　1/2カップ
- パルミジャーノのすりおろし　大さじ4

※クルトンは食パンを1cm角に切り、放置して乾燥したら、塩、ガーリックパウダー、こしょう各少々、EXVオリーブオイル大さじ1をまぶして170℃のオーブンで薄いきつね色に焼く。市販のものでも可。

つくり方

1. ロメインレタスは内側2/3を使う(外側はスープ、おひたし、炒めものなどに)。たっぷりの冷水につけてシャキッとしたら水気をきり、ふきんに包んで冷蔵庫で30分以上冷やす。
2. ブロッコリーは2cm大の小房に分けて塩を加えた熱湯で40秒ほどゆでてザルにとり、水気をきる。ベーコンは5mm厚さにスライスしてから3mm幅に切る
3. フライパンにオリーブオイル、にんにく、ベーコンを入れて弱火で炒める。にんにくが薄く色づき、ベーコンがカリッとしたらペーパータオルの上にとり、余分な脂をとる。
4. ロメインレタスを大きめにちぎり、乾いたふきんで水気を拭きながらボウルに入れる。ブロッコリー、3を加えてEXVオリーブオイルを回しかけ、全体をあえる。
5. ドレッシングの材料とクルトン、パルミジャーノ1/2量を加えて混ぜ、器に盛って残りのパルミジャーノを散らす。

さあ、さっそくあえましょう

そろそろおなかが減ってきました。
食べたい味が決まったら、野菜の準備を整えて、
さあ、さっそくあえましょう！

オリーブオイルであえましょう

シンプルにオリーブオイルであえると、
野菜の香りや旨みが引き立つものです。
サラダなど火を通さないお料理のときは、
エキストラヴァージンオリーブオイルを使うことを
おすすめします。フレッシュなオリーブの香りや
ほんのりと感じる苦みが野菜にからんで
一層おいしく仕上がります。オリーブオイルに
塩やレモン汁、ビネガー、ハーブなどをプラスして
季節の野菜を楽しみましょう。

えびと帆立て貝のセビーチェ

セビーチェはペルーやメキシコの家庭料理。
ライムの酸味をきかせて、さっぱり
さわやかな味にします。ドレッシングであえて
冷やしておくと、えびや帆立て貝の旨みが
キリッと引き締まって、よりおいしくなりますよ。

材料（2～3人分）
- えび（無頭）　6尾
- 帆立て貝柱　3～4個
- えび、帆立て貝柱をゆでる塩　小さじ1
- 玉ねぎの粗みじん切り　大さじ3
- イタリアンパセリ　1～2枝
- ディル　1～2枝
- ハラペーニョのピクルス※の小口切り　小さじ1
- ドレッシング
  - 塩　小さじ1/3
  - ライム果汁（レモン汁でも）　大さじ2
  - こしょう　少々
- EXVオリーブオイル　大さじ2

※なければ生の青唐辛子で代用しても。

つくり方

1. えびは背ワタがあれば取り除き、殻と尾を取って3等分する。帆立て貝柱は4等分する。イタリアンパセリ、ディルは葉をキッチンばさみで粗く切っておく。
2. 熱湯に塩を入れてえびを色が変わるまでゆで、水気をきる。続いて帆立て貝柱をゆでて水気をきる。
3. 2にドレッシングの材料を順に加えてあえ、玉ねぎ、ハラペーニョ、イタリアンパセリ、ディルを加えて混ぜ、冷蔵庫で30分以上冷やして味をなじませる。EXVオリーブオイルを回しかけていただく。

少し前OK

やりいかの
ガーリック風味サラダ

やりいかのやわらかくてジューシーなおいしさを損なわないよう、火を通しすぎないことがポイントです。サラダは数種類の野菜を合わせると、ふくよかでいい香りになります。多すぎるかな、と思うほどの野菜もあっという間になくなってしまいます。全体をあえながら召し上がれ。

材料(2人分)

やりいか　1〜2杯
にんにくのみじん切り　大さじ1/2
オリーブオイル　大さじ1
塩、こしょう　各少々
しょうゆ　大さじ1/2
サラダ
　サラダ菜　1/2株
　春菊　2株
　サニーレタスの葉　適量
　新玉ねぎ　1/4個
　セロリ　1/2本
　塩、こしょう　各少々
　しょうゆ　小さじ1
　あればバルサミコビアンコ　小さじ1

つくり方

1. サラダをつくる。サラダ菜、春菊、サニーレタスは水につけてシャキッとさせる(P.9の元気な野菜づくり参照)。サラダ菜とサニーレタスは食べやすい大きさにちぎり、春菊は葉を摘む。新玉ねぎは薄切りにする。セロリは斜めに3mm厚さに切る。野菜と調味料を混ぜ合わせて器に盛る。
2. やりいかは足を引き抜いて胴と足を分け、ワタを除いて皮をむく。水洗いして水気を拭き、胴は2cm幅、足は先端を切り落として2本ずつにする。
3. フライパンにオリーブオイルとにんにくを入れて弱火にかける。香りが立ったらいかを加えて塩、こしょうをふって中火で炒め、色が変わったらしょうゆを加えてからめ、野菜の上に盛る。

バルサミコビアンコ

白ワインのように透明な白いバルサミコ酢。ぶどう果汁を加熱せずに遠心分離にかけて凝縮し、熟成させたもの。ほんのり甘みがある、まろやかな味。私は生野菜のサラダによく使います。塩、オリーブオイルにごく少量のバルサミコビアンコだけで、コクのある味に仕上がります。

グレープフルーツとアボカドのサラダ

かくし味はバルサミコ酢。サラダ全体にコクをプラスしてくれます。パプリカの甘みとグレープフルーツの酸味がほどよくからみ合って絶妙の味わいに。見た目も鮮やかで、元気が出てきます。

材料(2~3人分)
- 赤パプリカ　1個
- アボカド　1個
- グレープフルーツ　1個
- 紫玉ねぎ(小)　1/4個
- ミントの葉　適量
- ドレッシング
  - 塩　小さじ1/4
  - バルサミコ酢　小さじ2
  - EXVオリーブオイル　大さじ2~3
- こしょう　適量

つくり方

1. 赤パプリカは縦に4等分してヘタと種を取り、グリルで焼いて皮をむき、1.5cm幅に切る。
2. アボカドは縦半分に切って種を取り除き、さらに縦半分に切って皮をむき、7mm厚さに切る。グレープフルーツは薄皮をむき、大きい場合は食べやすい大きさにする。紫玉ねぎは薄切りにする。
3. 1と2、ミントの葉を合わせてドレッシングの材料を順に加えてさっとあえ、器に盛ってこしょうをふる。

少し前OK

4等分にしたパプリカは強火のグリルで皮を焦がすように焼いて冷まし、皮をむきます。水にとると水っぽくなるので、バットなどに広げて自然に冷ましてください。

焼きなすのレバノン風

レモンの酸味にごまやクミン、にんにくの香りを合わせたエキゾチックなディップ。
焼きなすの香ばしさもおいしさのポイントです。
ラスクやトーストしたバゲットとともに召し上がってください。

材料（つくりやすい分量）
なす　4本
しし唐辛子　6本
イタリアンパセリ　2〜3枝
ドレッシング（混ぜ合わせる）
　にんにくのすりおろし　少々
　白いりごま（粗ずり）　大さじ1
　塩　小さじ1/3
　レモン汁　大さじ1
　EXVオリーブオイル　大さじ2
　クミンパウダー　少々
ガーリックラスク　適量

つくり方

1. なすはこんがりと焼いて皮をむき、ヘタを取って包丁でたたく。しし唐辛子は薄い小口切りにする。イタリアンパセリは葉をキッチンばさみで粗く刻む。

2. なすとしし唐辛子をドレッシングであえて器に盛り、イタリアンパセリを散らす。ガーリックラスクを添える。トーストしたバゲットもおすすめ。

少し前OK

なすは皮が黒く焦げるくらいまで焼いて皮をむきます。水にとってしまうと水っぽくなるので、焼き上がったらしばらくおいて粗熱をとり、そのままむいてください。

たこポテト

メークインでよくつくりますが、ほんのり甘みのあるキタアカリもおすすめです。
思いきってオリーブオイルをたっぷり使うと、じゃがいもがとてもジューシーになります。
たことじゃがいもをあえながら食べてください。

材料(2〜3人分)

ゆでだこの足　1〜2本(100g)
じゃがいも　2個
玉ねぎの粗みじん切り　大さじ3
調味料
　塩、こしょう、一味唐辛子粉、
　セロリソルト、パプリカ　各少々
EXVオリーブオイル　大さじ3

つくり方

1. たこは3〜4mm厚さに切る。
2. じゃがいもは皮をむいて鍋に入れ、かぶるくらいの水を加え、ふたをして中火でゆでる。竹串を刺して中までやわらかくなったら湯を捨て、強火にかけて鍋をゆすって水分をとばす。
3. 少し冷めたら一口大くらいにつぶし、器に盛る。
4. じゃがいもの上にたこを盛り、玉ねぎを散らして調味料をふりかけ、EXVオリーブオイルを回しかける。全体をあえていただく。

豆腐とアボカドのサラダ

余分な水分を出すことと、塩味をほどよくしみ込ませるために、豆腐に少し多めの塩をふってしばらくおいてからつくるのがポイントです。塩分は拭き取るので塩味はちょうどよくなります。豆腐とアボカドはどちらもヘルシー。とくに女性が喜ぶあえものです。

材料（つくりやすい分量）

- 木綿豆腐　1丁（300g）
- 豆腐用の塩　小さじ1
- アボカド　1個
- ブラックオリーブ（種なし）　5粒
- イタリアンパセリ　3枝
- ドレッシング（混ぜ合わせる）
  - にんにくのみじん切り　小さじ1/2
  - レモン汁　大さじ1・1/2
  - EXVオリーブオイル　大さじ2
  - 塩　小さじ1/2弱
  - こしょう　少々

つくり方

1. 木綿豆腐は9等分して塩をふって10分ほどおく。表面の水気をペーパータオルで拭いて一口大にちぎり、ボウルに入れる。
2. アボカドは縦半分に切って種を取る。さらに縦半分に切って皮をむき、7mm厚さに切る。ブラックオリーブは輪切り、イタリアンパセリは葉先をキッチンばさみで切る。
3. 1のボウルに2を加え、ドレッシングを加えてあえ、器に盛る。

少し前OK

豆腐に均一に塩味をつけておくことがポイントです。バットに並べて両面にふってください。

かつおのたたき レモンしょうが風味

かつおは直火であぶるよりもオリーブオイルで焼きつけるほうがらくな上、コクとまろみが出ておすすめです。
焼く前に塩とこしょうをふって表面にしっかり味をつけておくことがポイントです。
ねぎやみょうがなど香りの強い薬味をたっぷりあえて、さっぱりといただきます。

材料(つくりやすい分量)

かつお(刺身用)　1節(300g)
かつおの下味用
　塩　小さじ1
　こしょう　少々
オリーブオイル　大さじ1
塩、こしょう　各適量
レモン汁　大さじ1
EXVオリーブオイル　大さじ3
しょうがのすりおろし　大さじ1
万能ねぎの小口切り、
　みょうがの薄切り、レモン　各適量

つくり方

1. かつおは冷蔵庫で冷やしておき、下味用の調味料をふる。フライパンにオリーブオイルを熱し、かつおの表面を強火でさっと焼きつける。
2. 5mm厚さに切って器に並べ塩、こしょうをふり、レモン汁をふってEXVオリーブオイルを回しかける。
3. しょうがのすりおろしをのせ、万能ねぎをたっぷり散らしてみょうが、レモンをあしらう。全体をあえながらいただく。

少し前OK

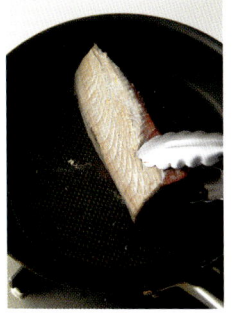

表面から1mm程度の色が変わったら返しながら全面に火を通します。中まで熱が伝わらないように、焼く直前まで冷やしておくのもポイントです。

みょうがと搾菜のあえ麺

麺をごま油でコーティングするように全体にしっかりからめます。
油がよくからむよう、麺は太めのタイプを選んでください。
みょうがと香菜の香りとともに召し上がれ。食事の締めの麺として大人気です。

材料(2人分)
みょうが　2個
搾菜(塊をせん切りにして)　大さじ2〜3
搾菜の下味用
└ しょうゆ、ごま油　各小さじ1
香菜の葉　適量
たれ(混ぜ合わせる)
┌ しょうゆ、水　各大さじ1
│ オイスターソース　小さじ1
└ ごま油　大さじ1
中華麺　2玉
好みで粉山椒　少々

つくり方
1. みょうがは縦半分に切ってから斜め薄切りにし、水にさっと通して水気を拭く。搾菜は薄切りにしてからせん切りにし、水に10分さらして水気を拭いて下味用の調味料であえる。
2. 中華麺をゆでて水洗いし、水気をよくきって、さらに麺をペーパータオルで拭いてからたれであえる。搾菜、みょうがも加えてさっと混ぜる。器に盛って香菜の葉を添え、好みで粉山椒をふっても。

ごま油であえましょう

日本、韓国、中国などでは使い慣れた油ですが、欧米の料理人たちにはこの香りがとても新鮮に思えたそうです。だからイタリアンやフレンチのシェフたちは積極的にごま油を料理に使い、新しいテイストの料理を好んでつくるようになったそうです。私もごま油の香りは好きで、あえものにもよく使います。さっとあえて、香りと深いコクが冴える料理をご紹介しましょう。香りに食欲が刺激されるはずです。
ごま油はいくつか種類がありますが、好みの香りのものを選んでください。香りが強いな、と思ったときは白いタイプのごま油やオリーブオイルなどを加えて、適度な香りにしてから使ってください。

明太子ディップ&ブルスケッタ

ごま油であえた明太子はとても便利。
シンプルに炊きたてのご飯にのせてよし、
おにぎりの具に、パスタに、パンに、と
いろいろ使えます。生や蒸し野菜とあえたり。
何とでも相性のいい万能選手です。

材料(つくりやすい分量)
明太子ディップ
- 明太子(ほぐして)　100g
- 長ねぎのみじん切り　大さじ3
- ごま油　小さじ2
- 白切りごま　小さじ1

バゲット　適量

つくり方

1. 明太子ディップの材料を混ぜ合わせる。
2. ブルスケッタをつくる。バゲットは1cm厚さに切って、両面をカリッと焼き、明太子ディップを適量ぬる。

青梗菜とじゃこの
焦がしごましょうゆあえ

ごま油風味のちりめんじゃこと、香ばしく少し焦がしたしょうゆが食欲を刺激します。
にんにくの香りをプラスすると、旨みがさらにアップします。
ゆっくり火を通しながら、ごま油ににんにくのいい香りをうつしてください。

材料(2人分)

青梗菜　2～3株
青梗菜をゆでる塩　小さじ1
ちりめんじゃこ　30g
にんにく　2かけ
ごま油　大さじ1
酒　小さじ1
しょうゆ　小さじ2

つくり方

1. 青梗菜は縦に4等分して、茎と葉に切り分ける。塩を加えた熱湯に茎を入れて20秒ゆで、続けて葉を入れて15秒ゆでてザルにとり、水気をきる。
2. にんにくは縦半分に切って芯を取る。
3. フライパンににんにくとごま油を入れて弱火にかける。にんにくが色づいてきたらちりめんじゃこを加えてカリッとなるまで炒める。酒としょうゆを加えてからめ、1を加えてあえる。

にんにくの香りをごま油に十分にうつしてからじゃこを加え、じゃこがカリカリになるまで混ぜながらじっくりと炒めます。

豚肉の
チャプチェ

チャプチェは牛肉でつくるのが
一般的ですが、私は豚もも肉を使います。
牛肉よりもさっぱり味に仕上がる上に、
冷めてもおいしく食べられるからです。
食べるときに好みでコチュジャンを
つけても。

材料(4人分)

豚もも薄切り肉　150g
豚肉の下味用
　塩、こしょう　各少々
　酒、ごま油、片栗粉　各小さじ1
ピーマン(赤と緑)　各1個
にんじん　3cm(50g)
干ししいたけ　3〜4個(戻しておく)
長ねぎ　1/2本
春雨　80g
春雨用のごま油　小さじ1
ごま油　大さじ2
A　酒　大さじ1
　　塩　小さじ1/3
B　薄口しょうゆ　大さじ1
　　酒　大さじ1
　　塩、こしょう、砂糖　各少々
しょうがのせん切り　大さじ2
白いりごま　大さじ1

つくり方

1. 豚もも肉は細切りにして下味用の材料をからめる。
2. ピーマンは縦半分に切ってヘタと種を取り除き、縦の細切りにする。にんじんは細切りにする。干ししいたけは水気をしっかり絞ってから軸を取り、細切りにする。
3. 長ねぎは縦半分に切り、斜めに細切りにする。
4. 春雨は水に10分ほどつけて戻し、食べやすい長さに切る。熱湯で2分ほどゆでて冷水にとり、ザルにあげてからペーパータオルで拭き、ごま油をまぶしてほぐしておく。
5. フライパンにごま油大さじ1を熱し、ピーマン、にんじん、干ししいたけを炒めてAで味付けして取り出す。
6. フライパンをきれいにしてごま油大さじ1を熱し、豚肉を炒めて色が変わったら春雨を加え、Bを加えて味をからめてボウルに移す。
7. ボウルに5を加えて全体を混ぜ、ねぎ、しょうが、ごまも加えてあえる。

材料は同じくらいの長さの細切りに切りそろえておきます。

ナムル4種

きゅうりのナムル

材料(つくりやすい分量)

きゅうり　2本
塩　小さじ1/3
あえごろも
　にんにくのすりおろし　少々
　黒いりごま(粗ずり)　小さじ1
　ごま油　小さじ1

つくり方

1. きゅうりはピーラーで皮を縦に縞目にむいて縦半分に切り、斜め薄切りにする。塩をふってしんなりしたらかるく絞る。
2. あえごろもの材料を加えてあえ、器に盛る。

小大豆もやしのナムル

材料(つくりやすい分量)

小大豆もやし　1袋(200g)
塩　小さじ1/3
赤ピーマン(小)　1/2個
あえごろも
　白いりごま(粗ずり)　小さじ2
　にんにくのすりおろし　少々
　ごま油　小さじ2
　薄口しょうゆ　小さじ1・1/2
　塩、こしょう、砂糖　各少々

つくり方

1. 赤ピーマンはヘタと種を取り、長さを半分にして縦の細切りにする。
2. 小大豆もやしは洗って鍋に入れ、ひたひたの水と塩を加えて煮立て、中火で3〜4分ゆでる。ゆで上がる前に赤ピーマンを加えて混ぜてザルにあげて水気をきる。
3. あえごろもの材料を加えてあえ、器に盛る。

根三つ葉のナムル

材料（つくりやすい分量）
根三つ葉　1束
根三つ葉をゆでる塩　小さじ1
あえごろも
 ┌ 白いりごま（粗ずり）　大さじ1
 │ にんにくのすりおろし　少々
 │ ごま油　小さじ2
 │ 薄口しょうゆ　小さじ1
 └ 塩　小さじ1/3
白いりごま　少々

つくり方
1. 根三つ葉は塩を加えた熱湯に茎を入れて30秒ゆでる。続いて葉の部分も入れて20秒ゆでて冷水にとり、水気を絞って3cm長さに切り、ボウルに入れる。
2. あえごろもの材料を加えてあえ、器に盛って白いりごまを散らす。

ご存知の通りナムルとは韓国の家庭料理で、野菜や山菜のおかずとして毎日の食卓に並ぶものです。つくりおきができるので、多めにつくって冷蔵庫にストックしておくと、あと一品欲しいときに重宝します。
たくさんあるナムルレシピの中で、彩りのきれいなものや、香りのいいものなど気に入っている4品をご紹介しましょう。

にんじんのナムル

材料（つくりやすい分量）
にんじん　1本
あえごろも
 ┌ 青唐辛子の小口切り　1本分
 │ 白いりごま（粗ずり）　小さじ1
 │ にんにくのすりおろし　少々
 │ ごま油　小さじ1
 │ ナンプラー　小さじ1/2
 └ 塩　小さじ1/4

つくり方
1. にんじんはスライサーでせん切りにしてボウルに入れる。
2. あえごろもの材料を加えてあえ、器に盛る。

すべて前日OK

だししょうゆで
あえましょう

おだしの味は大好きです。ゆでたり焼いたりした野菜をだししょうゆと合わせるだけで、
しみじみとおいしいあえものになります。野菜の持つ甘みを大切にしたいので、だししょうゆは
甘さ控えめでつくっています。少量の酒かみりんを加えてまろやかにするくらいが、
野菜の旨みを引き立ててくれるようです。あえてから10分ほどおいて、味をなじませてから
召し上がってください。もちろん次の日でもおいしく食べられます。
野菜の水分で味が薄くなっているようなら、少量の塩を加えて味を調えてください。

青菜としめじの
だししょうゆあえ

ほうれん草と春菊、香りの違う2種類の青菜を合わせると、
味にリズムが出て元気なあえものになります。青菜は水につけて、
シャキシャキにしてからゆでてください。歯ざわりがとてもよくなります。

材料（2〜3人分）
しめじ　1/2パック
青菜
 ［ほうれん草と
 　春菊を合わせて　150g
青菜をゆでる塩　小さじ1
だししょうゆ（混ぜ合わせる）
 ［だし汁　100ml
 　薄口しょうゆ　大さじ1
 　酒またはみりん　小さじ1

つくり方
1. しめじは小房に分けてペーパータオルを敷いた耐熱皿に並べる。ラップをふんわりかけて600wの電子レンジで1分加熱して、ラップをはずして冷ます。
2. ほうれん草と春菊は冷水に10分ほどつけてシャキッとしたら、塩を加えた熱湯に茎のほうから入れてゆでる。冷水にとって冷めたらザルにとり、水気をきる。かるく水気を絞って3cm長さに切ってしめじとともにボウルに入れてざっと混ぜる。
3. だししょうゆを加えてあえ、10分ほどおいて味をなじませてから器に盛る。

おいしいだし汁の材料とつくり方

材料（つくりやすい分量）
昆布　10cm四方
かつお節　15g
水　1ℓ

つくり方
1. 鍋に昆布と水を入れて、数時間おいてから中火にかけ、煮立つ直前に昆布を引き上げる。
2. 煮立ったらかつお節を入れて弱火で2〜3分煮てこす。

※時間がないときは鍋に昆布と水を入れて弱火にかけ、煮立つ直前に昆布を引き上げ、かつお節を加えて同様につくってください。

※市販のだしを使うときは、塩分が含まれているものが多いので、しょうゆの分量を加減してください。

えびと冬瓜のだししょうゆあえ

涼しげで色もきれいな、上品な一品です。冬瓜の皮を厚くむいてやわらかくゆでます。
冷たくして、トロリとした食感を楽しんでください。

材料(2人分)

えび(無頭)　6尾
冬瓜　150g
枝豆　適量
塩　少々
だししょうゆ(混ぜ合わせる)
　だし汁　150mℓ
　薄口しょうゆ　大さじ1・1/2
　酒またはみりん　小さじ1

つくり方

1. えびは殻をむいて尾を取り、背ワタがあればきれいに取り除く。
2. 冬瓜はワタを取って、一口大に切ってから皮をむき、5mm厚さに切る。
3. 塩を加えた熱湯に冬瓜を入れて竹串が通るまでゆでてザルにあげる。えびと枝豆をさっとゆでて水気をきる。枝豆は薄皮を取り除き、えびは厚みを半分に切る。
4. すべてをボウルに入れてだししょうゆを加え、10分ほどおいて味をなじませてから器に盛る。

前日OK

冬瓜はやわらかく仕上げたいので、皮を厚めにむきます。シャキッとした食感を楽しみたいときは、薄くむいてください。

焼き万願寺
唐辛子の
だししょうゆあえ

肉厚の万願寺は焼くと甘みがさらに深まります。
くたっとやわらかくなるまでしっかり焼いてから
だししょうゆにひたすと、青臭さもすっかり消えて、
やわらかい味わいに仕上がります。

材料(2人分)

万願寺唐辛子　6本
だししょうゆ(混ぜ合わせる)
- だし汁　100ml
- 薄口しょうゆ　大さじ1弱(小さじ2・1/2)
- 酒またはみりん　小さじ1

つくり方

1. 万願寺唐辛子はグリルで焼いてヘタを切り落とし、縦3等分に切ってから長さを半分に切る。
2. ボウルに入れてだししょうゆを加え、10分ほどおいて味をなじませてから器に盛る。

貝割れと油揚げのだししょうゆあえ

いつの季節でも安定して買うことのできる貝割れはとても助かる野菜です。
添えものや薬味にだけ使うなんてもったいない。私はゆでてあえものにしています。
油揚げはカリッと焼いて加えると、香ばしさが加わって味に変化がつきますよ。

材料(2人分)

貝割れ菜(大)　1パック
貝割れ菜をゆでる塩　少々
油揚げ　1枚
だししょうゆ(混ぜ合わせる)
- だし汁　100mℓ
- 薄口しょうゆ　大さじ1弱(小さじ2・1/2)
- 酒またはみりん　小さじ1

針しょうが　適量

つくり方

1. 貝割れ菜は塩を加えた熱湯にくぐらせて冷水にとり、水気を絞る。根を切り落とし、長さを半分に切る。
2. 油揚げはオーブントースターで両面に焼色をつける。縦に半分に切ってから5mm幅に切る。
3. 貝割れ菜、油揚げをボウルに入れて混ぜ、だししょうゆを加えてあえる。10分ほどおいて味をなじませてから器に盛り、針しょうがをのせる。

少し前OK

貝割れ菜は根がついてつながった状態のまま、葉と茎を熱湯につけてさっと湯がくと、バラバラにならず、切りそろえるのにとても便利です。熱くなりやすいので、火傷しないよう気をつけて。

初夏の野菜のおひたし

トマトやグリーンアスパラはどちらかといえば洋風の野菜と思いがちですが、
だしの味がとっても合うのです。彩りがきれいでさわやかな逸品です。
冷たく冷やして食べてください。

材料(2人分)

フルーツトマト　1～2個
グリーンアスパラガス　4本
グリーンアスパラガスをゆでる塩　小さじ1
そら豆　16粒
だししょうゆ(混ぜ合わせる)
- だし汁　120ml
- 薄口しょうゆ　大さじ1
- みりん　小さじ1

つくり方

1. フルーツトマトは皮を湯むきして一口大に切る。グリーンアスパラガスは根元のかたい部分を切り落とし、塩を加えた熱湯で45～60秒ゆでて冷水にとる。冷めたら水気をきって3等分する。そら豆は爪の部分に切り目を入れ、アスパラガスに続いて1～2分ゆでて水気をきり、薄皮をむく。
2. 野菜をボウルに入れてだししょうゆを加え、10分以上おき、器に盛ってあえながらいただく。

少し前OK

ポン酢であえましょう

母がつくってくれた橙のポン酢が私の基本です。キリリとした酸味がいさぎよくて、私にとってはしょうゆと同じように毎日の食事に欠かせないものでした。今もそのポン酢好きは変わらず、あえものづくりにもとてもよく使います。橙が手に入らない季節はそのときにある柑橘でつくって、冷蔵庫にストックしています。ゆずでもかぼすでも、もちろんレモンでも。市販品も数多く出ていますが、季節の野菜に、季節の香りが立ちこめるポン酢を合わせると、おいしさがグッと増すような気がしています。

ポン酢油淋鶏（ユウリンチィ）

揚げ上がった鶏肉はそのまま少しおいてから切ると、旨みたっぷりの肉汁が中に閉じ込められて、肉がとってもジューシーになります。蒸したなすと鶏肉をあえながら召し上がってください。

材料（3〜4人分）

鶏もも肉　2枚（約600g）
鶏肉の下味用
- 塩　小さじ2/3
- こしょう　少々
- 酒　大さじ1
- にんにくのすりおろし　少々

小麦粉、片栗粉　各大さじ5
なす　3本
揚げ油　適量

たれ（混ぜ合わせる）
- ポン酢※　75mℓ
- ごま油　小さじ1
- 万能ねぎの小口切り　大さじ2
- 長ねぎのみじん切り　大さじ2
- しょうがのみじん切り　小さじ2

※自家製ポン酢（混ぜ合わせる）
- しょうゆ　大さじ3
- 米酢　大さじ1
- 柑橘の果汁　大さじ1
- 砂糖　小さじ1/2

つくり方

1. 鶏もも肉は黄色い脂肪を取り除き、竹串で皮の表面をつついてから下味用の材料をからめる。

2. なすは竹串で数か所つついてペーパータオルでくるみ、ラップで包んで600wの電子レンジで約3分、やわらかくなるまで加熱する。冷めたら1cm幅に裂いて器に敷きつめる。

3. 小麦粉と片栗粉を合わせて下味をつけた鶏肉にしっかりまぶす。

4. 揚げ油を160℃に熱し、鶏肉を皮を下にして入れて中火で3〜4分揚げる。皮にじっくり火を通したら裏返してさらに約2分揚げて取り出す。2〜3分休ませて1cm幅に切り、なすの上に盛ってたれをかける。全体をあえながらいただく。

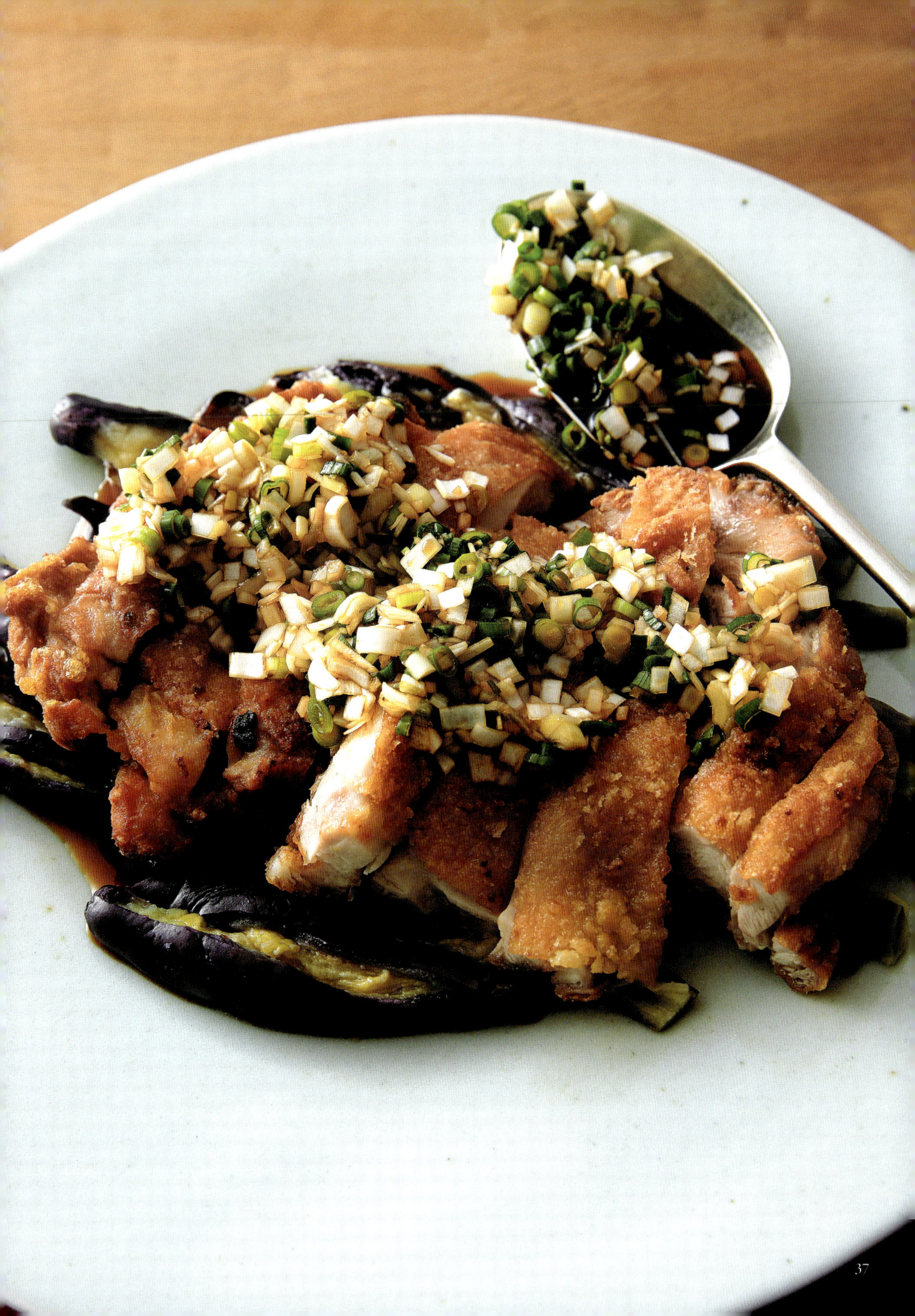

かにとレタスの
ポン酢マヨあえ

ポン酢に同量のマヨネーズを加えたあえごろもは、洋風のようで、どこか和風の味。生野菜はもちろん、ゆでた野菜にも使える万能調味料です。かにはずわい、たらばなどお好みで。

材料(2〜3人分)

レタス　1/2個
かに(ボイル)　100g
しょうが汁　小さじ1
ポン酢マヨネーズ
　┌ ポン酢※、マヨネーズ
　└ 　各大さじ1・1/2

※自家製ポン酢(混ぜ合わせる)
　┌ しょうゆ　大さじ3
　│ 米酢　大さじ1
　│ 柑橘の果汁　大さじ1
　└ 砂糖　小さじ1/2

つくり方

1. レタスは水に10分ほどつけて水気をきり、ふきんに包んで冷蔵庫に30分以上おいてパリッとさせる。大きめにちぎって器に盛る。
2. かにには軟骨があれば取り除き、ほぐしてしょうが汁をふり、レタスの上に盛り、ポン酢マヨネーズをかける。

春キャベツと
絹さやのポン酢あえ

春キャベツが出てきたら、待ってましたとばかりにあえものをつくります。蒸しキャベツにすると、うっとりするくらいの甘みが出ます。シンプルにポン酢であえるだけでとてもおいしいあえものに。

材料(2人分)

春キャベツ　1/4個
絹さや　10枚
絹さやをゆでる塩　少々
ポン酢※　小さじ2
かつお節　小さじ2

※自家製ポン酢(混ぜ合わせる)
　┌ しょうゆ　大さじ3
　│ 米酢　大さじ1
　│ 柑橘の果汁　大さじ1
　└ 砂糖　小さじ1/2

つくり方

1. 春キャベツはラップに包んで600wの電子レンジで約2分30秒加熱する。かたい芯の部分を取り、3cm大に切る。絹さやはヘタと筋を取り、塩を加えた熱湯でさっとゆでて冷水にとり、水気をきって斜め半分に切る。
2. キャベツと絹さやをボウルに入れてポン酢を加えてあえる。器に盛ってかつお節をのせる。

長いもとオクラの
わさびポン酢

その名の通り、味のポイントに、と
少量のわさびを混ぜただけなのに、
ガラリと風味が変わるのです。
さっぱりしていて、後をひくおいしさ。
つるつるっと口に流し込んだら、
おかわり！なんてこともよくあるのです。

材料（2〜3人分）

長いも　100g
オクラ　6本
ポン酢（混ぜ合わせる）
　だし汁　大さじ2
　米酢　小さじ2
　柑橘の果汁　小さじ1
　薄口しょうゆ　大さじ1
おろしわさび　小さじ1

つくり方

1. 長いもは皮をむき、酢水（水1カップに酢小さじ1の割合）に10分ほどつけて水気を拭き、スライサーでせん切りにする。
2. オクラは塩（分量外）をまぶして熱湯でさっとゆでて小口切りにする。
3. 長いもとオクラをボウルに入れて混ぜ、ポン酢であえて器に盛り、わさびをのせる。

少し前OK

鮭のソテー ゆずおろしあえ

香りがとっても豊かでさわやかなので、ゆずの季節にはよくつくるあえものです。
大根おろしはできれば鬼おろしで。夏はゆずの代わりにみょうがや青じそを加えた
「薬味おろし」であえるのがおすすめです。

材料(2人分)

生鮭の切り身　1枚
生鮭の下味用
　塩　小さじ1/4
　酒　小さじ1
　こしょう　少々
大根おろし(鬼おろし)
　2/3カップ
ゆずの皮のすりおろし　少々
ポン酢※　小さじ2

オリーブオイル　小さじ1
ゆずの皮のせん切り　適量
※自家製ポン酢(混ぜ合わせる)
　しょうゆ　大さじ3
　米酢　大さじ1
　柑橘の果汁　大さじ1
　砂糖　小さじ1/2

つくり方

1. 生鮭は皮をひき、下味用の調味料をまぶして10分ほどおく。
2. フライパンにオリーブオイルを熱し、鮭を両面きつね色に焼いて取り出す。冷めたら粗くほぐす。
3. 大根おろしの水気をきり、鮭、ゆずの皮のすりおろし、ポン酢を合わせてざっとあえる。器に盛ってゆずの皮のせん切りを天盛りにする。

少し前OK

小松菜の磯おろしあえ

もう一品おろしあえをご紹介しましょう。くせのない小松菜に香りのよい海苔をからめます。大根おろしは少し歯ごたえの残る鬼おろしにすると清涼感が出ます。小松菜をポン酢でしっかりあえて味をしみ込ませてから、大根おろしと海苔をさっとあえてください。

材料(2人分)

小松菜　150g
小松菜をゆでる塩　小さじ1
大根おろし（鬼おろし）　大さじ4
焼き海苔　1/2枚
ポン酢※　大さじ1・1/2

※自家製ポン酢（混ぜ合わせる）
- しょうゆ　大さじ3
- 米酢　大さじ1
- 柑橘の果汁　大さじ1
- 砂糖　小さじ1/2

つくり方

1. 小松菜は塩を加えた熱湯で茎の部分を入れて30秒ゆでて葉も入れて30秒ゆで、冷水にとり、水気を絞って3cm長さに切る。
2. ポン酢であえ、大根おろしと、焼き海苔を手で細かくちぎりながら加え、さっとあえて器に盛る。

少し前OK

トマトそうめん

具はトマトと青じそだけ。とってもシンプルなのですが、さわやかで、香りがよくて、そして彩りもきれいなので、ちょっとしたごちそうになります。ごまのコクを添えると完璧です。

材料（2人分）

そうめん　2〜3束
トマト　1個
青じその葉　3枚
麺つゆ※　1カップ
白いりごま　小さじ2

※自家製麺つゆ（合わせて煮立てる）
- だし汁　150mℓ
- しょうゆ　大さじ2・1/2
- みりん　大さじ2・1/2

つくり方

1. トマトはヘタを取り、底に切れ目を入れる。たっぷりの熱湯でトマトを湯通しして皮を湯むきし、1cm角に切る。青じその葉はせん切りにして、水にさらし、水気を絞る。
2. 続いてそうめんを表示通りゆでて冷水にとってよく冷まし、水気を十分にきって器に入れ、トマトと青じそを盛る。
3. 冷やした麺つゆをかけ、ごまを指先でひねりながら散らす。全体をあえながらいただく。

麺つゆであえましょう

いつの頃か、いろいろな麺つゆが市販されるようになって、麺つゆは
「麺をいただくつゆ」という役割だけでなく、料理の味つけに使う「調味料」という
新たな役割を果たすようになりました。「あえ麺」は夏にうれしいメニューです。
自家製の冷たく冷やした麺つゆと、冷水でキリリとしめた麺をあえるだけ。
食欲がないときでも、するするとのどを通ってくれるから不思議です。
以前は甘みを極力抑えた麺つゆをつくっていましたが、今はほんのり甘い味にしています。
みりんとお酒の分量を加減して、お好みの味にしてください。

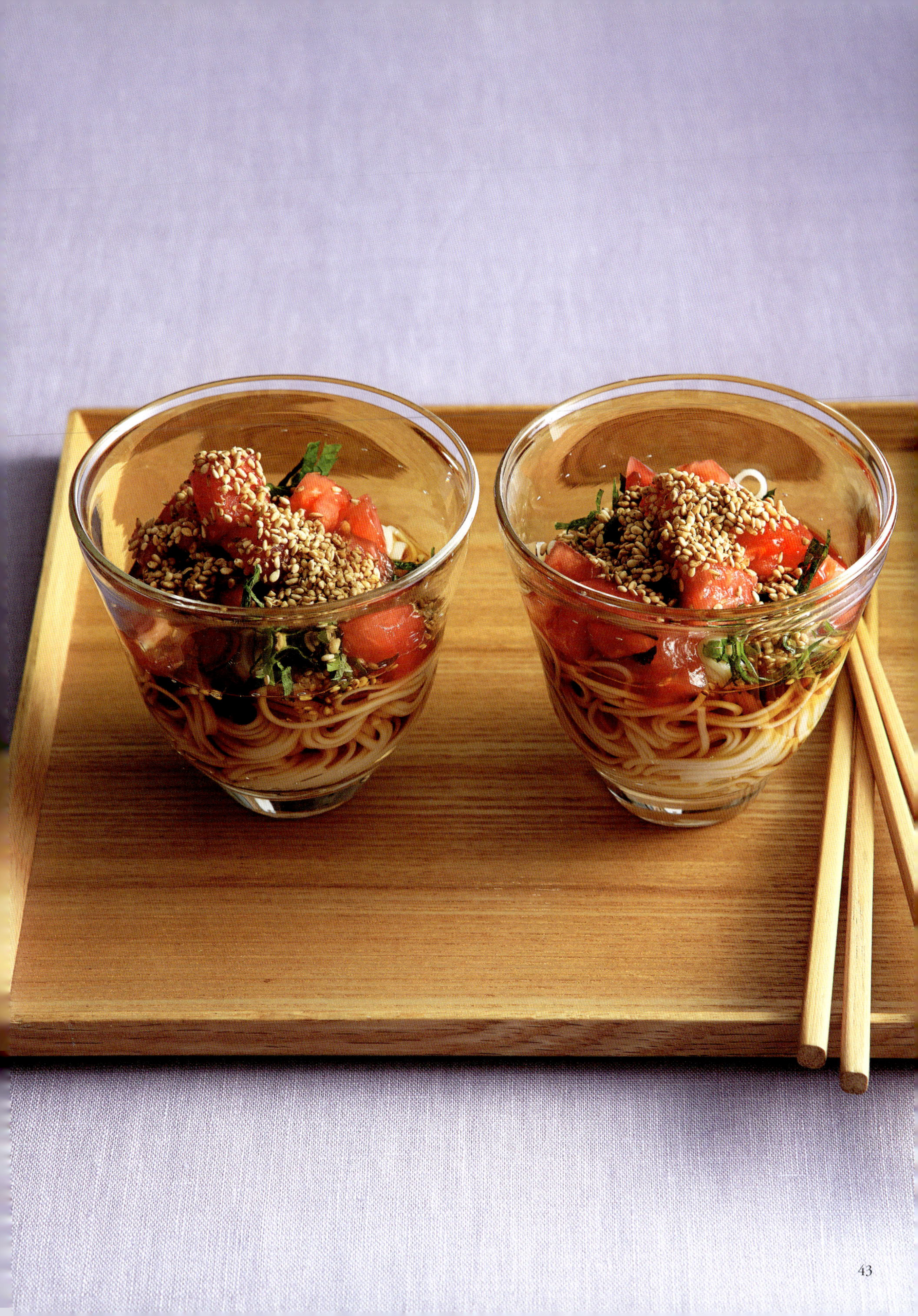

揚げだし豆腐

豆腐は粉をまぶさずにそのまま素揚げにしたほうが
かるい味わいになります。器の中で豆腐をくずし、薬味とあえて
召し上がってください。しし唐辛子の薬味は青い香りが
おもしろいので、ぜひ、試してみてください。

材料(2〜3人分)

木綿豆腐　1丁(300g)
長ねぎの小口切り　大さじ3
しし唐辛子　5本
麺つゆ※　2/3〜1カップ
揚げ油　適量

※自家製麺つゆ(合わせて煮立てる)
- だし汁　150ml
- しょうゆ　大さじ2・1/2
- みりん　大さじ2・1/2

つくり方

1. 豆腐は8等分してペーパータオルに包み、10分ほどおいて水気をきる。長ねぎは流水で洗い、水気を絞る。しし唐辛子は薄い小口切りにして流水で洗い、水気を絞る。
2. 揚げ油を170℃に熱して豆腐を揚げる。薄いきつね色になったら裏返して同様に揚げて油をきり、器に盛る。
3. ねぎとしし唐を天盛りにして麺つゆを注ぐ。

サラダそば

暑い夏、食欲がないときにちょくちょくつくるおそばです。
冷たくした麺つゆが優しく胃を刺激してくれます。
みょうがたっぷりが私の定番です。

材料(2人分)

そば(乾麺)　160g
具
- 大根　100g
- みょうが　2個
- 貝割れ菜　適量
- ちくわ(小)　1本
- 油揚げ　1/2枚

麺つゆ※　1カップ
一味唐辛子　少々

※自家製麺つゆ(合わせて煮立てる)
- だし汁　150ml
- しょうゆ　大さじ2・1/2
- みりん　大さじ2・1/2

つくり方

1. 大根はスライサーでせん切りにする。みょうがは縦半分に切ってから薄切りにし、水に数分さらして水気を絞る。貝割れ菜は根元を切り落とし、半分に切る。
2. ちくわは薄切りにする。油揚げはフライパンでから炒りしてから7mm角に切る。
3. そばは表示通りゆでて水洗いする。水気をよくきり、器に盛る。具を彩りよく盛りつけて冷やした麺つゆを回しかけ、一味唐辛子をふる。

なす、かぼちゃ、いんげんの揚げだし

揚げた野菜は色が鮮やか。夏においしい野菜を揚げて麺つゆになじませます。
いんげんはしわが寄るまでじっくり揚げると甘みが出て、
また、なすやかぼちゃの食感に近づくのでおいしさが増します。

材料(2人分)

- なす　2本
- かぼちゃ　1/8個
- さやいんげん　60g
- 麺つゆ※　1カップ
- 揚げ油　適量

※自家製麺つゆ(合わせて煮立てる)
- だし汁　150mℓ
- しょうゆ　大さじ2・1/2
- みりん　大さじ2・1/2

つくり方

1. なすはヘタを取って皮をピーラーで縞目にむき、縦半分に切ってから斜めに3、4等分する。かぼちゃは種とワタを除き、ラップで包んで600wの電子レンジで1分加熱する(少しやわらかくなって切りやすい)。長さを半分に切り、5mm厚さに切る。さやいんげんは上下を切り落として2、3等分する。

2. 揚げ油を170℃に熱し、なすを色が鮮やかになるまで揚げて油をきる。続いていんげんはしわが寄るまで揚げて油をきる。油の温度を160℃に下げ、かぼちゃを薄く色づくまで揚げて油をきる。

3. 合わせて器に入れ、麺つゆを注ぐ。味がなじむまで10分以上おく。

前HOK

ナムプラーであえましょう

ナムプラーは魚由来のしょうゆだけあって
旨みが強いでしょう。私にとっては
アジアの「だし汁」的な存在です。なぜなら、
どんな素材でも、また料理の腕に関係なく、
ナムプラーを加えただけで料理の味が
それなりにまとまってくれるからです。
毎年、蒸し暑い季節になってきたら、無性に
ナムプラー風味のあえものを食べたくなります。
ご飯にも合うし、おつまみにももってこいです。
また、ミントや香菜をちりばめ、見た目は涼しげな
あえものやサラダなのに、食べるとその辛みと酸味に
おどろくことがあります。そんなエキサイティングな
意外性があるのも、エスニック料理の
楽しいところだと思っています。
個性の強い調味料だけあって、塩分や香りなど
ナムプラーそのものの味が、料理の味を左右します。
私は生臭さの控えめな天秤マークの
「トラ チャン」ブランドのナムプラーを愛用しています。

トラ チャン ブランドの フィッシュソース
新鮮な魚に塩を加えて24カ月
かけて発酵、熟成させたソース。
魚のアミノ酸を十分に引き出し
た天然の味わいが特徴。

ヤム・ヌア（タイ風牛肉サラダ）

ヤムはサラダ、ヌアは牛肉。タイ風の
牛肉サラダはタイでもごちそうのひとつです。
ステーキの火の通し方は好みですが、
私は口当たりがやさしいミディアムくらいが好きです。
小さくて辛みの強いタイの唐辛子、プリッキーヌの
代わりに粗いみじん切りにした赤唐辛子でつくりました。

材料（2〜3人分）

牛もも肉（ステーキ用）　1枚（150g）
牛もも肉の下味用
　塩　小さじ1/4
　こしょう　少々
サラダ油　小さじ1
紫玉ねぎ　1/3個
セロリ　1/3本
きゅうり　1本
トマト　1個
エスニックだれ（混ぜ合わせる）
　ナムプラー　大さじ2
　レモン汁　大さじ2
　砂糖　小さじ1
　にんにくのみじん切り　小さじ1
　赤唐辛子の粗みじん切り（種を除く）　1/2本分
香菜、バジルの葉、ミントの葉　各適量

つくり方

1. ステーキを焼く。牛肉は両面に下味用の調味料をふる。フライパンにサラダ油を熱して中火で両面を焼き、焼き色がついたらアルミホイルに包んでそのままおく。
2. 紫玉ねぎは繊維に沿って薄切りにする。セロリは斜め薄切りに、きゅうりは皮を縞目にむいて縦半分に切り、斜め薄切りにする。トマトは半分に切ってヘタを取り、1cm厚さのくし形に切る。
3. 香菜は葉を摘んで、茎は1cm長さに切る。バジル、ミントは大きい葉は半分にちぎる。
4. ステーキが冷めたら5mm厚さに切ってボウルに入れ、半量のエスニックだれであえる。
5. 4にすべての野菜、ハーブを入れて残りのエスニックだれを加え、全体をあえる。

少し前OK

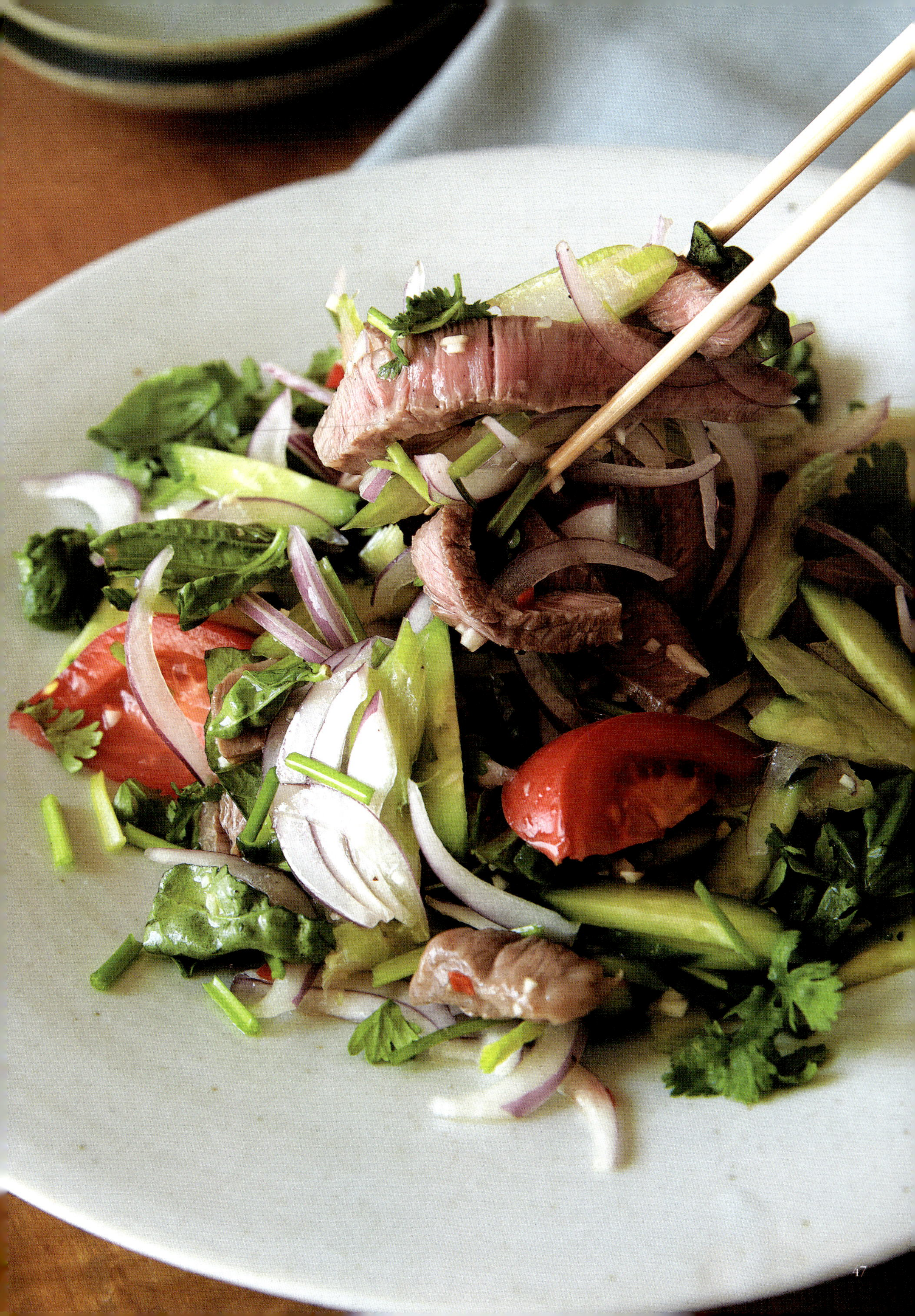

クレソンと豚肉のサラダ

シューストリングポテトのクリスピーな食感をプラスするとさらにおいしくなります。ボリュームもアップしておなかも満足するはず。一手間かかりますが、ぜひ試してみてください。

材料(2〜3人分)

豚肩ロース薄切り肉　150g
豚肉の下味用
> 塩、こしょう　各少々

にんにく　1かけ
クレソン　1束
紫玉ねぎ　1/3個
きゅうり　1本
サラダ油　大さじ1
エスニックだれ(混ぜ合わせる)
> ナムプラー　大さじ1
> レモン汁　大さじ1・1/2
> 砂糖　小さじ1
> こしょう　少々

シューストリングポテト
> じゃがいも　1個
> 揚げ油　適量

つくり方

1. 豚肉は2cm幅に切って下味用の調味料をふる。にんにくは芯を抜いて薄切りにする。
2. クレソンは茎のかたい部分を切り落とし3cm長さに切る。紫玉ねぎは薄切りにする。きゅうりは縞目に皮をむいて縦半分に切ってから斜め薄切りにする。合わせてボウルに入れる。
3. シューストリングポテトをつくる。じゃがいもはスライサーでごく細いせん切りにして水によくさらし、ザルにあげて水気をきる。ペーパータオルで押さえるようにして残った水気をさらに拭く。揚げ油を170℃に熱してじゃがいもを入れ、弱めの中火にしてときどき混ぜながらカリッときつね色になるまで揚げ、油をきる。
4. フライパンにサラダ油とにんにくを入れて火にかけ、いい香りが立ったら豚肉を入れて炒める。
5. 豚肉に火が通ったら火を止め、エスニックだれを入れて全体を混ぜる。2のボウルに加えてざっと混ぜ、器に盛ってシューストリングポテトをのせる。

えびのから揚げ、ナムプラー甘酢あえ

えびは同量の片栗粉と小麦粉を合わせた粉をまぶしてから揚げにすると、表面がカラリとかるく揚がり、たれであえてもころもがもったりとすることがありません。ほんのり甘いたれがからんだえびは、青じそや香菜、ミントなど、香りの豊かな野菜やハーブとよく合います。

材料(2～3人分)
えび(無頭)　12尾
えびの下味用
　塩、酒　各少々
から揚げ用の粉
　片栗粉、小麦粉　各大さじ2
揚げ油　適量
ナムプラー甘酢だれ(混ぜ合わせる)
　ナムプラー　大さじ2
　レモン汁　大さじ2
　砂糖　大さじ1
　赤唐辛子のみじん切り(種を除く)
　　1/2本分
　にんにくのみじん切り　小さじ1
　みょうがの粗みじん切り※　1個分
添え野菜、ハーブ
　サラダ菜、青じその葉、香菜、
　ミントなど　適量
※水にさらして水気をよく絞る。

つくり方
1. えびは塩(分量外)をふって洗い、水気を拭いて殻をむき、背に浅い切り目を入れて開き、背ワタを取る。ボウルに入れて下味用の調味料をふって混ぜる。
2. 粉をまぶして170℃の油で揚げる。
3. ナムプラー甘酢だれをからめて器に盛る。野菜、ハーブとともにいただく。

タイ風春雨サラダ

細かく刻んだ鶏肉を、少量のチキンスープでさっと煮ます。
タイ料理独特の加熱方法ですが、煮汁もたれに加えると
旨みが増します。ミントと香菜でさわやかに。

材料(2~3人分)

鶏もも肉(皮なし)　1枚(200g)
鶏肉の下味用
　塩、こしょう　各少々
チキンスープ※1　1/4カップ
春雨　50g
新玉ねぎ　1/2個(50g)
セロリ　1/2本
ミニトマト　6個
香菜　2枝
ミントの葉　適量
青唐辛子の小口切り※2　1本分
エスニックだれ(混ぜ合わせる)
　ナムプラー　大さじ2
　レモン汁　大さじ2
　砂糖　小さじ1/2

※1　熱湯1/4カップに鶏がらスープの素小さじ1/4を溶かす。
※2　青唐辛子がない場合は一味唐辛子で代用して好みの辛さに。

つくり方

1. 鶏もも肉は7mm角に切って下味用の調味料を全体にふる。フライパンにチキンスープを煮立てて鶏肉を加え、中火弱で混ぜながら火を通し、煮汁ごととっておく。
2. 春雨は水に10分つけて戻してから食べやすい長さに切り、熱湯で2分ゆでて水にとり、水気をきってあえる前にペーパータオルで水分を拭く。
3. 新玉ねぎ、セロリは薄切りにする。ミニトマトはヘタを取って縦半分に切る。香菜は茎は5mm、葉は2cm長さに切る。
4. ボウルにエスニックだれを入れ、鶏肉を汁ごと加えて混ぜる。ミントの葉以外の材料も加えて全体をあえ、器に彩りよく盛ってミントの葉をのせる。

鶏肉は油を使って炒めるのではなく、チキンスープで煮て火を通します。肉の旨みが出た煮汁ごと使うのがポイントです。

ゴーヤーとオニオンスライスのピリ辛あえ

桜えびの香ばしい香りが味のアクセントになります。
辛み、酸味、塩気のきいたしっかり味です。
蒸し暑い日につくってみてください。
ビールや白いご飯によく合います。
タイの石臼「クロック」でにんにく、唐辛子、桜えびを粗くたたいて加えると本格的な味になります。

材料(2人分)

ゴーヤー　1/2本
ゴーヤー用の塩　小さじ1/2
玉ねぎ　1/2個(50g)
桜えび　10g
オリーブオイル　小さじ1
エスニックだれ(混ぜ合わせる)
├ ナムプラー　大さじ1
├ レモン汁　大さじ1
└ 砂糖　小さじ1
にんにく　1かけ
赤唐辛子　1/2本(種を取る)

つくり方

1. ゴーヤーは縦半分に切り、ワタと種を除いて薄切りにし、塩をまぶす。しんなりしたら水気をしっかり絞る。玉ねぎは薄切りにしてゴーヤーとともにボウルに入れてざっと混ぜ合わせる。
2. フライパンにオリーブオイルを熱し、桜えびをカリッとするまで炒める。半量を粗く刻む。
3. にんにくと赤唐辛子はみじん切りにしてエスニックだれと合わせる。1のボウルに加えて全体をあえ、粗く刻んだ桜えびも加え混ぜる。器に盛って残りの桜えびを散らす。

前HOK

ごまであえましょう

ごまは体にとっていいことずくめ。カルシウムや鉄などのミネラルが豊富で、強い抗酸化作用もあります。総合的に栄養素を含んでいるので、漢方では滋養強壮や老化防止などに一役買うと言われているそうです。優秀なごまですが、私は極めてシンプルに、「おいしいから」毎日ごまを食べています。ごまの食感を楽しみたいときは粗ずりや切りごまで、ごまの濃厚な風味を味わいたい場合は練りごまもプラスしたりして、あえものをつくっています。ストレートにごまであえたり、ソースやたれにしたり、バラエティに富んだ「ごま味」のお料理をご紹介しましょう。

せりとにんじんのごまあえ

あえているときから、せりの香りが鼻をくすぐります。茎はさっと湯がいて、葉は香りを生かして生のまま使います。少量の塩としょうゆで調味しました。野菜とごまの風味を存分に味わっていただきたいからです。

材料（2人分）
せり　1束
せりの茎をゆでる塩　少々
にんじん　80g
塩　小さじ1/4
白いりごま　大さじ1
しょうゆ　小さじ1

つくり方
1. せりは葉と茎に切り分け、茎は塩を加えた熱湯でさっとゆでて冷水にとり、ザルにあげて水気をきる。水気をかるく絞り3cm長さに切る。葉は生のまま、3cm長さに切る。
2. にんじんは斜め薄切りにしてマッチ棒くらいの太さの細切りにする。せりの茎に続いて熱湯で20秒ゆでて水気をきる。白いりごまは粗くする。
3. せりの茎とにんじんに塩をふり、白いりごまとしょうゆであえ、せりの葉を加えてさっとあえる。

少し前OK

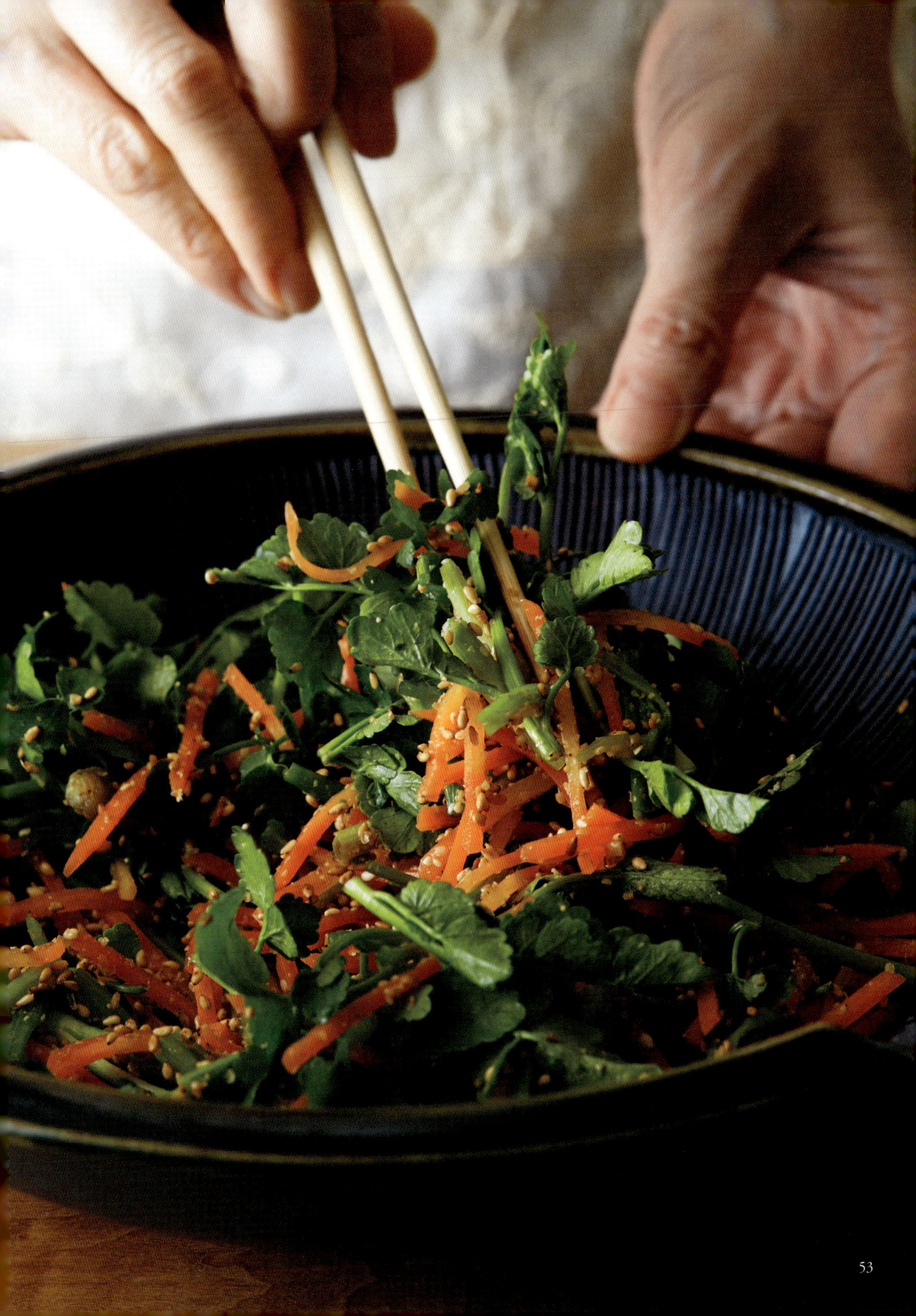

ブロッコリーの黒ごまあえ

ブロッコリーを1株買って、使いきるのがたいへんだなと思ったときに思いついたあえものですが、簡単につくれておいしいので、ちょくちょくつくるようになりました。オリーブオイルと塩で下味をつけると、コクが深まります。

材料(2〜3人分)
ブロッコリー　1/2株
ブロッコリーをゆでる塩
　　小さじ1
ブロッコリーの下味用
　┌ 塩　小さじ1/4
　│ EXVオリーブオイル
　└ 　小さじ1
調味料
　┌ しょうゆ　小さじ1
　│ 酒　小さじ1
　└ 塩、砂糖　各少々
黒いりごま　大さじ2

つくり方
1. ブロッコリーはやや小さめの一口大の小房に分けて、塩を加えた熱湯で1分ゆでて水気をきり、ボウルに入れて下味用の調味料をまぶしておく。
2. 黒いりごまは粗くする。ブロッコリーに調味料を加えて混ぜ、黒ごまも加えてあえる。

少し前OK

なすといんげんのごまあえ

なすは電子レンジで加熱して蒸すと水っぽくなりません。味のポイントはしょうが。まろやかなごまの味にシャープな香りと辛みがきいて、新鮮な味わいになります。

材料(2人分)
なす　3本
さやいんげん　80g
さやいんげんをゆでる塩
　　小さじ1弱
調味料
　┌ 酒　小さじ1
　│ しょうゆ　大さじ1
　└ 砂糖、塩　各少々
しょうがのせん切り　大さじ1
みょうが　2個
白いりごま　大さじ2

つくり方
1. なすは竹串で数か所つついてペーパータオルに包み、さらにラップで包んで600wの電子レンジで3分加熱する。冷めたらヘタを取って縦6等分、長さを半分に切る。さやいんげんは両端を切り落とし、塩を加えた熱湯で2〜3分ゆでてザルにあげ、水気をきって長さを半分に切る。
2. しょうがは水にさらして水気をきる。みょうがは縦半分に切ってから薄切りにして水にさらし、ザルにあげ、ペーパータオルで拭く。白いりごまは粗くする。
3. なすといんげんを合わせてボウルに入れ、調味料であえる。しょうが、みょうが、ごまを加えてざっとあえて器に盛る。

少し前OK

鯛のごましょうゆあえ

人気の鯛茶漬けの鯛を練りごまではなく切りごまであえました。さっぱり味に仕上がるので、酒の肴にもぴったりです。鯛以外の白身魚やアジでつくっても。
味がよくなじむように5mm程度の厚さに切るのがポイントです。

材料(2人分)

鯛(さく、刺身用)　80g
きゅうり　1/2本
新しょうがのみじん切り　大さじ1
白いりごま　大さじ1
調味料
- しょうゆ　小さじ2
- 酒　小さじ1
- 酢　小さじ1/4

青じその葉　2枚

つくり方

1. 鯛は5mm厚さに切ってボウルに入れる。
2. きゅうりは薄切りにして塩少々(分量外)をふり、しんなりしたら水気を絞る。青じその葉は細切りにして水にさらし、水気をペーパータオルに包んで拭く。白いりごまは粗く刻む。まな板にペーパータオルを敷いてから切ると便利。
3. 鯛に調味料を加えてあえ、新しょうがとごまも加えて混ぜる。器にきゅうりを盛り、上に鯛を盛って青じそをのせる。

少し前OK

和風コールスロー

コールスローは切ったキャベツのサラダのことで、その歴史はずいぶんと古く、欧米で食べ継がれているようです。マヨネーズやドレッシングであえるのがポピュラーですが、ごま酢の和風味もいいですよ。

材料(2人分)

- キャベツ　1/4個
- 玉ねぎ　1/3個
- ごま酢※1　大さじ2
- しょうがのみじん切り　小さじ1
- 白いりごま(粗ずり)　少々

※1 ごま酢(つくりやすい分量、混ぜ合わせる)
- 白いりごま(粗ずり)　大さじ1
- 白練りごま　大さじ1
- 薄口しょうゆ　小さじ2
- 酒、みりん※2　各大さじ1
- 米酢　小さじ2

※2 合わせて耐熱ボウルに入れ600wの電子レンジで20秒加熱。

つくり方

1. キャベツは3mm幅のせん切りにする。玉ねぎは薄切りにして水にさらし、ザルにあげ、ペーパータオルで水気を拭く。
2. 1をごま酢としょうがのみじん切りであえて器に盛り、白いりごまをふる。

少し前OK

鶏ときゅうり、こんにゃくのごま酢あえ

下味をつけた鶏肉は、蒸し終わったらそのままおいておきます。粗熱がとれた頃には中まで味がなじみ、旨みも含んでとてもおいしくなります。低カロリー素材の組み合わせですが、ごま酢をからめるとボリューム感がアップします。

材料(2〜3人分)

鶏むね肉(皮なし)　1枚
鶏肉の下味用(混ぜ合わせる)
　塩　小さじ1/3
　酒、水　各大さじ1
　こしょう　少々
鶏肉用の香味野菜
　ねぎの青い部分　5cm
　しょうがの薄切り　3枚
こんにゃく　1/2枚
わかめ(乾燥)　3g
きゅうり　1本
しょうが風味のごま酢(混ぜ合わせる)
　白いりごま(粗ずり)　大さじ1・1/2
　白練りごま　大さじ1・1/2
　薄口しょうゆ　大さじ1
　酒、みりん※　各大さじ1・1/2
　米酢　大さじ1
　しょうがのみじん切り　小さじ2

※合わせて耐熱ボウルに入れ600wの電子レンジで20秒加熱。

つくり方

1. 鶏は耐熱皿に入れ、下味用の材料をまぶして香味野菜を上にのせ、ふんわりとラップをかけて600wの電子レンジで2分30秒加熱、裏返して1分〜1分30秒加熱する。そのまま冷まし、粗熱がとれたら細く裂いて蒸し汁をからめる。
2. こんにゃくは横半分に切り、2〜3mm厚さの短冊に切る。水からゆで、煮立ったら5分ほどゆでて水気をきって冷ます。わかめは水につけて戻し、熱湯で湯通しして色が冴えたら冷水にとる。水気をきって食べやすい大きさに切る。
3. きゅうりは縞目に皮をむいて斜め薄切りにする。
4. 蒸し鶏とこんにゃく、わかめ、きゅうりを盛り合わせ、よく混ぜたしょうが風味のごま酢をかける。

少し前OK

豚の冷しゃぶ ごまソース

豚肉は熱湯ではなく、80℃くらいの湯で湯がくことがポイントです。ふんわりソフトでジューシーに火が通せます。中華の棒々鶏ソースをアレンジしました。ごま油の香りと豆板醤のピリ辛味でご飯が進みます。鍋のつけだれにもどうぞ。

材料（2～3人分）

豚ロース肉（しゃぶしゃぶ用）　200g
レタス　1/2個
オクラ　6本
オクラ用の塩　小さじ1
とうもろこし　1/2本
青じその葉　4枚
ごまソース（混ぜ合わせる）
- 白練りごま　大さじ2
- しょうゆ　大さじ2
- 砂糖、酢、酒　各小さじ2
- 豆板醤　小さじ1/3～1/2
- ごま油　小さじ2

つくり方

1. 80℃の湯で豚肉を1枚ずつはがしながらゆでる。色が白っぽくなったらザルにあげて水気をきる。

2. レタスは水につけてシャキッとしたら水気をきり、ふきんに包んで冷蔵庫で30分以上冷やす。オクラはヘタを切り落とし、塩を全体にまぶしてから熱湯で30秒ほどゆでて水気をきり、縦半分に切る。とうもろこしはラップに包んで600wの電子レンジで約3分加熱して、包丁で実をそぐ。

3. レタスと青じその葉は食べやすい大きさにちぎり、豚肉、オクラとともに器に盛る。とうもろこしを散らし、よく混ぜたごまソースを回しかける。あえながらいただく。

水餃子 ごまソース

中国料理を学んでいたときに習った水餃子です。酢やしょうゆで食べるのではなくごまのソースが新鮮で、印象深かったことを覚えています。今ももちろん、ごまソースの水餃子がわが家の定番。人が集まるときの大人気メニューです。

材料(24個分)

ひき肉だね
- 豚ひき肉　200g
- れんこん　30g
- 長ねぎのみじん切り　大さじ3
- しょうがのみじん切り　小さじ1
- 塩　小さじ1/2
- 酒　大さじ1
- ごま油　小さじ2
- ねぎしょうが水※　大さじ3

餃子の皮　1袋(24枚)

ごまソース
- 白練りごま　大さじ2
- しょうゆ　大さじ2
- 砂糖、酢、酒　各小さじ2
- 豆板醤　小さじ1/3～1/2
- ごま油　小さじ2

サラダ菜　1/2株
しょうがのせん切り　1かけ分
白髪ねぎ　1/3本分

つくり方

1. ひき肉だねをつくる。れんこんはみじん切りにして水にさらして水気をかるくきる。ボウルにねぎしょうが水以外のひき肉だねの材料を入れて混ぜ、ねぎしょうが水を大さじ1ずつ加えてさらに混ぜる。粘りが出たら24等分する。
2. 餃子の皮の周囲に水をぬり、ひき肉だねをのせて半分に折りたたみ、ふちをしっかり押さえて留める。
3. 鍋にたっぷりの熱湯を沸かし、2をゆでる(3～4分)。サラダ菜は1枚ずつはがし一緒に湯通しする。水気をきって器に盛り、ごまソースをかけてしょうがと白髪ねぎをのせる。全体をあえながらいただく。

※ねぎしょうが水
ねぎの青い部分としょうがの薄切り(皮つき)を水につけて、香りをもみ出した水。肉の臭みを消し、香りがよくなります。

定番のあえもの

あえものが好きで、いろいろなあえものをつくってきました。それは、小さいときに祖母や母がつくってくれた「あえもの」があったからです。決して主役にはならないけれど、あえものがひとつ、ふたつ添えられると献立が充実するものです。栄養のバランスを考え、野菜をしっかり食べなさい、という思いを込めてあえものをつくってくれたのだと思っています。長くつくり続けられているお料理は控えめながら、存在感たっぷり。定番のあえものの味はなつかしいだけでなく、お料理の知恵やヒントがいっぱい詰まっている気がします。

菜の花の辛子あえ

寒さが厳しい早春に、店先で元気な菜の花を見ると、春の訪れを感じずにはいられません。菜の花のほろ苦さに負けないよう、ひたし地に昆布をしのばせてだしの旨みをきかせます。

材料（2～3人分）

菜の花　1束
菜の花をゆでる塩　小さじ1
ひたし地（合わせておく）
- だし汁　200mℓ
- 薄口しょうゆ　大さじ2
- みりん　小さじ1
- 昆布　5cm四方

溶き辛子　小さじ1/2

つくり方

1. 菜の花は根元を切り落として冷水につけてシャキッとさせる。
2. 塩を加えた熱湯で菜の花を茎のほうから入れて約20秒ゆで、葉も入れて約20秒ゆでて冷水にとる。一度にゆでず、半量ずつゆでるのがポイント。冷めたらザルにあげて水気をきり、かるく絞って3cm長さに切る。
3. ひたし地に30分ほどつけて味を含ませ、汁気をきって器に盛る。ひたし地に溶き辛子を加えて混ぜ、菜の花に回しかけ、溶き辛子（分量外）をあしらう。

前日OK

たことわかめの酢のもの

すっきりとした酢のものは日本のあえものの基本だと思っています。きりっとした味が好きなので甘みを加えない二杯酢でつくりました。甘めが好みの方は少量の砂糖を加えて「三杯酢」にしてつくっても。酢はまろやかな富士酢を使いました。

材料（2人分）

ゆでだこの足（刺身用）　80g
わかめ（乾燥）　3g
みょうが　2個
二杯酢（混ぜ合わせる）
　だし汁　大さじ2
　しょうゆ　小さじ2
　米酢　小さじ2

つくり方

1. ゆでだこの足は3mm厚さの薄切りにする。わかめは水につけて戻し、熱湯にくぐらせて色が冴えたら冷水にとり、水気をきって食べやすい大きさに切る。みょうがは縦半分に切って薄切りにし、水にさらして水気をきる。
2. たことわかめを二杯酢であえて器に盛り、みょうがを添える。

少し前OK

富士酢
京都の日本海に位置する宮津にある明治26年創業の飯尾醸造がつくる酢。原料は宮津の棚田で栽培された農薬不使用の米。その新米を通常の5倍近く使ってつくられる酢はまろやかで濃厚な味わいが特徴です。そのまま酢のものにつかっても、酸っぱさがつんと突出することがありません。

ほうれん草のおひたし

ていねいにつくったおひたしは、滋味あふれる味わいです。ほうれん草を水につけてシャキッとさせること。ほどよいかたさにゆでること。そしてだしの味がきいた旨みのあるたっぷりのだししょうゆにひたすこと。どれも高度なテクニックがいるわけではありませんが、一つ一つ作業を積み重ねてつくるほど、おいしさが増すような気がしています。

材料（2～3人分）

ほうれん草　150g
ほうれん草をゆでる塩　小さじ1
だししょうゆ（混ぜ合わせる）
- だし汁　120mℓ
- 薄口しょうゆ　大さじ1
- 酒　小さじ1

つくり方

1. ほうれん草は根元に土がついていればよく水洗いし、茎から根元を水に10分ほどつけてシャキッとさせる。
2. 熱湯に塩を入れてほうれん草をゆで、冷水にとって10分ほどさらす。
3. 水気をかるく絞ってザルにあげてさらに水気をきる。3cm長さに切り、ボウルに入れて箸でほぐし、だししょうゆを注いであえる。冷蔵庫で20分ほど冷やして味を含ませてから器に盛る。

少し前OK

ほうれん草をおいしくゆでましょう

おいしいほうれん草のおひたしをつくるために、私が日々実践している
ほうれん草のゆで方をご紹介しましょう

1. ほうれん草は根元に土がついていればよく水洗いし、茎から根元を水に10分ほどつけてシャキッとさせ、たっぷりの熱湯に塩を入れます。塩の分量は1.5ℓの熱湯に対して小さじ1が目安です。

2. 全体に均一に火を通すために2～3株ずつゆでていきます。先に根元から熱湯に入れて10秒程湯につけて茎をゆでます。

3. 葉までをすっぽりと湯に入れて20秒ゆで、箸で返してさらに20秒ゆでます。

4. 冷水にとって冷やし、アクを取るために10分ほどさらします。とくにほうれん草に限り、アクが強いので、水にさらす時間を長くしています。

5. 根を上にしてまとめて持ち、葉先に向けて絞っていきます。野菜の旨みを逃さないよう、かるく、やさしく絞ってください。食べやすい長さに切ってからペーパータオルで押さえるようにして、水気を取り除きます。

すぐに使わないときはペーパータオルにくるんで保存します。

まとめてゆでて、上手に保存。翌日、翌々日でもおいしく食べられます。忙しいときに重宝します。

1. 水気をごくかるく絞ってザルにあげ、しばらくおいて自然に水気をきります。

2. みずみずしさを保つため、ペーパータオルに包んで冷蔵庫に。ペーパータオルがほどよく水気を吸って、おいしい状態で保存ができます。

やりいかとふきの
辛子酢みそあえ

甘みがあってやわらかいやりいかと、シャキシャキした香り高いふきは相性のいい組み合わせ。ピリッと辛みと酸味がきいた辛子酢みそであえて、春ならではの一皿に。白みその味がおいしさのポイントにもなるので、私は「関東屋の白味噌」を愛用しています。

材料(2人分)

やりいか(小さめのもの)　2杯
やりいかをゆでる塩　小さじ1
ふき　100g
ふきのひたし汁(混ぜ合わせる)
- だし汁　100mℓ
- 薄口しょうゆ　小さじ2

辛子酢みそ(混ぜ合わせる)
- 白みそ　大さじ2
- 薄口しょうゆ　小さじ1/2
- 米酢　大さじ1
- 水　小さじ2
- 溶き辛子　小さじ1/2

つくり方

1. やりいかはワタを抜いて皮をむく、胴は1cm幅、足は先を落として2本ずつ切り離す。塩を加えた熱湯でゆでて水気をきる。
2. ふきは鍋に入る長さに切り、塩(分量外)をふって板ずりする。熱湯で色が冴えるまで、1分弱ゆで、水にさらす。皮をむいて斜め3cmに切り、ひたし汁に10分以上ひたす。
3. いかとふきを半量の辛子酢みそであえて器に盛り、残りの辛子酢みそをかける。

少し前OK

関東屋の白味噌

江戸時代から続く、京都の老舗みそ専門店。甘すぎず、味のバランスがいいので、白みそを使うあえものには欠かせません。他の白みそよりもやわらかいのでとても使いやすく、塩をした切り身魚(さわらなど)にこの白みそをぬって3日間おくだけで、とてもおいしい魚の西京漬けがつくれます。

春菊の白あえ

個性の強い春菊は敬遠されがちですが、まろやかな白あえごろもであえると野性味がやわらぎ、しみじみとしたおいしさに。豆腐の水をしっかりきってから、私はフードプロセッサーで一回し。あっという間にきめが細かくて舌にまとわりつくようなあえごろもができ上がります。

材料（2人分）

春菊　1/2束（100g）
春菊をゆでる塩　小さじ1
白あえごろも※　大さじ3〜4

※白あえごろも（つくりやすい分量）
　木綿豆腐　100g
　白みそ、白練りごま、みりん　各大さじ1/2
　薄口しょうゆ、米酢　各小さじ1/2
　塩　少々

つくり方

1. 白あえごろもをつくる。木綿豆腐は1cm厚さに切り、ペーパータオルの上に並べる。ペーパータオルをかぶせて上に重し（鍋や水の入っているペットボトルなど）をのせて30分ほどおいて水気をきり、約80gにする。調味料を加えてフードプロセッサーで撹拌し、なめらかなペースト状にする。フードプロセッサーがない場合はすり鉢にすべて合わせ入れ、すりこ木ですって混ぜる。
2. 春菊は水につけて10分ほどおき、シャキッとさせる。塩を加えた熱湯に茎から入れて30秒ほどゆで、冷水にとる。冷めたら水気をきり、そろえて根を落とし、1cm幅に切る。もう一度かるく絞って白あえごろもとあえて器に盛る。

少し前OK

まぐろとわけぎのぬた

時折行くおでん屋さんのつき出しが、決まってまぐろとわけぎのぬたなのです。
キリッとしたしっかり味で、江戸風につくってみました。
秋冬のわけぎに代えて、春夏はきゅうりでつくっても。

材料(2人分)
まぐろの刺身(赤身)　8切れ
まぐろの下味用
├ 酒、しょうゆ　各少々
わけぎ　2～3本
長いも　90g
みそだれ(混ぜ合わせる)
├ 田舎みそ　大さじ2
│ 砂糖　大さじ1
│ 酒※　大さじ1
│ 米酢　小さじ2
│ しょうがのすりおろし
└ 　小さじ1/2

※600wの電子レンジで20秒加熱する。

れんこんの梅あえ

箸休めやお弁当にも重宝するあえものです。すっきりした酸味の梅肉だれは、
蒸したキャベツやゆでたさやいんげんなどによく合います。
梅あえは焼いた肉や魚のあしらいにも活用できます。

材料(2～3人分)
れんこん　100g
れんこんをゆでる塩　少々
梅肉だれ(混ぜ合わせる)
├ 梅肉※　大さじ1
│ みりん　小さじ1～2
└ 薄口しょうゆ　小さじ1

※梅干しの果肉を包丁でたたいて
ペースト状にしたもの。

つくり方
1. れんこんは半月の薄切りにし、水洗いしてでんぷん質を取り除く。酢水(水1カップに酢小さじ1の割合)にさらし、塩を加えた熱湯でさっとゆでて水気をきる。
2. 梅肉だれでれんこんをあえる。梅肉だれがかたくてのばしにくいときは水少々を加えてやわらかくするとあえやすい。

前日OK

つくり方

1. まぐろは1切れを2、3等分して下味用の調味料をふる。
2. わけぎは葉と白い部分に分け、3cm長さに切る。耐熱皿に並べ、ラップをして600wの電子レンジで葉は1分、白い部分は2分～2分30秒加熱して冷ます。長いもは皮をむき、酢水（水1カップに酢小さじ1の割合）につけて水気を拭き、一口大に切ってポリ袋に入れ、めん棒でたたいて粗くつぶす。
3. まぐろ、わけぎ、長いもを彩りよく器に盛り、よく混ぜたみそだれをかける。

少し前OK

たけのこの木の芽あえ

季節のたけのこを使って、旬ならではの香りと歯ごたえを楽しみます。緑鮮やかに仕上げるために、木の芽を手早くすりつぶすことがポイントです。また、木の芽の軸がかたいようなら、軸から葉を摘み取ってからすりつぶしてください。

材料（3～4人分）

ゆでたけのこ（正味）　240g
木の芽　30枚
白みそだれ
　白みそ　大さじ3
　薄口しょうゆ　小さじ1
　酒※　大さじ1

※600wの電子レンジで20秒加熱する。

つくり方

1. ゆでたけのこは1cm角に切る。
2. 木の芽は飾り用に数枚残して、軸から葉を摘み取る。すり鉢に入れてすり、白みそだれの調味料を加えてすり混ぜる。たけのこを入れてあえ、器に盛って木の芽を飾る。

前日OK

すりつぶした木の芽に白みそだれの調味料を加え、木の芽が均一にいきわたるまでよく混ぜます。

つくり
おきが
できます

たれやソースをつくりおきして、さっとあえもの。
ストックしてある常備菜でささっとあえもの。
まとめてつくっておくことで、毎日のあえものがさらに手早くつくれます。

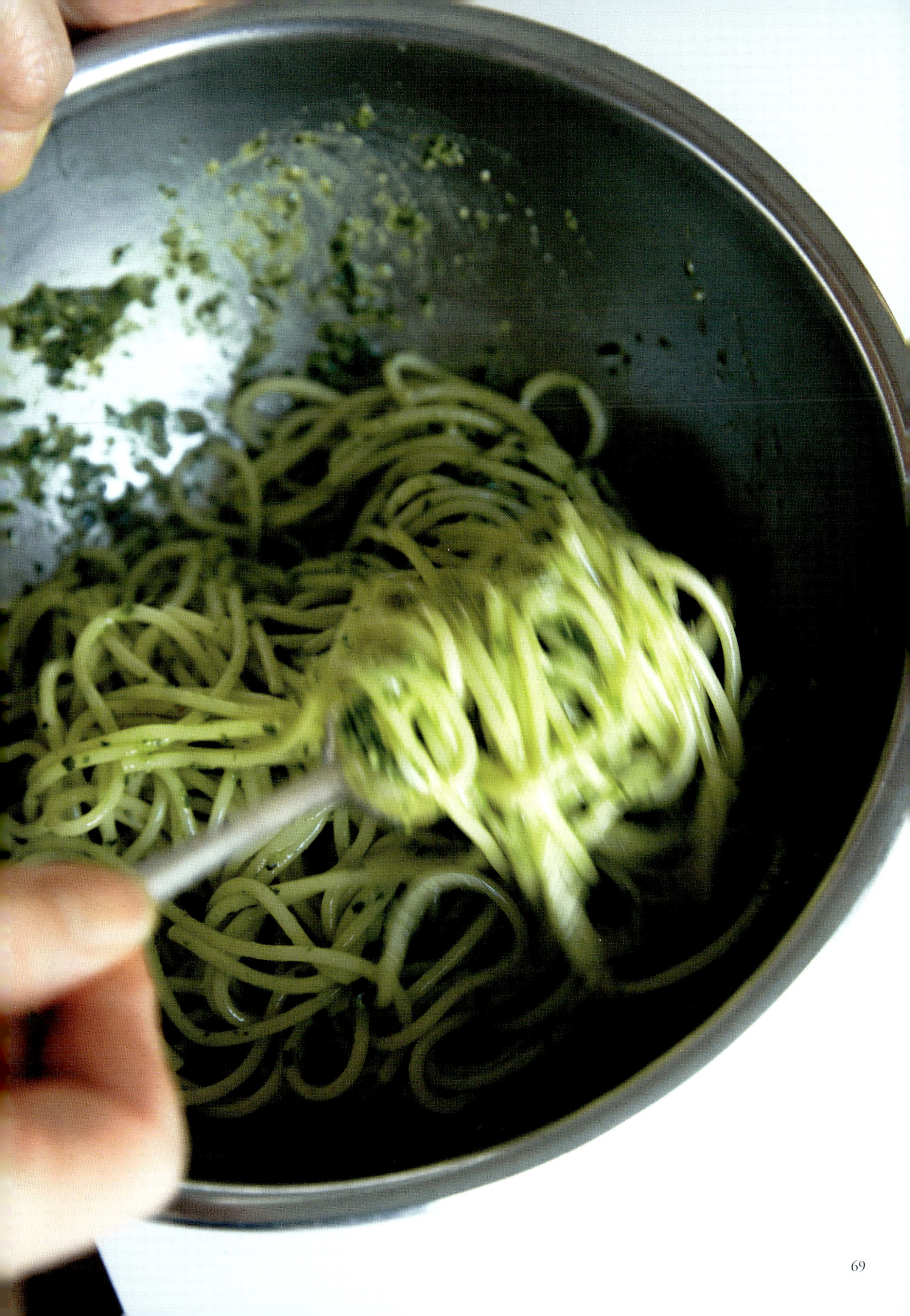

「あえものの素」を つくっておくと便利です。

あえごろもはそのつどつくるよりも、少しまとめてつくっておけば、
あえものがさらに手軽に、手早くつくれます。
名づけて「あえものの素」。ペーストだったりオイルだったり、
さらに少し調理をほどこした常備菜だったり。
毎日のおかずづくりをらくにするための知恵をご紹介しましょう。
これをヒントにイメージをどんどん膨らませて、
オリジナルのあえものにもチャレンジしてみてください。

1. バジルペースト

パスタはもちろん生野菜、ほくほくに蒸したじゃがいも
やソテーしたズッキーニなどの温野菜とあえても。
また、鯛などの刺身をあえてワインのおともに。おそうめん
や豆腐などの和の食材とあえても楽しいですよ。
保存びんに入れて表面をオリーブオイルで覆って冷蔵庫
で保存。1週間ほどが香りよくいただけます。また、ジッパー
つき冷凍用保存袋に入れ、平らにして冷凍保存も可能です。

材料（つくりやすい分量）

バジルの葉　30〜40枚
にんにく　1かけ
松の実　大さじ2
塩　小さじ1
EXVオリーブオイル　大さじ6
こしょう　少々
パルミジャーノのすりおろし
　大さじ4

つくり方

1. パルミジャーノのすりおろし以外の材料をフードプロセッサーに入れて撹拌してペースト状にする。
2. パルミジャーノのすりおろしを加えてよく混ぜる。

スパゲッティ
バジルペーストあえ

つくりたてはシンプルにパスタとあえて、香りを楽しんで！ゆでたじゃがいもやいんげんを加えてあえても。

材料(2人分)

スパゲッティ　160〜200g
スパゲッティをゆでる塩　大さじ2弱
バジルペースト　大さじ2〜3
バジルの葉　少々

つくり方

1. 塩を加えた熱湯にスパゲッティを入れて表示通りにゆでる。水気をきってボウルに入れ、バジルペーストを加えて手早くあえる。
2. 器に盛ってバジルの葉を散らす。

グリーンアスパラガスと
いんげんのバジルペーストあえ

バジルペーストはグリーンアスパラガスやいんげん、そら豆や絹さやなど、緑の野菜によく合います。アクセントに半熟卵を添えました。

材料(2人分)

グリーンアスパラガス　1束(4〜6本)
さやいんげん　80g
野菜をゆでる塩　小さじ1
バジルペースト　大さじ2
半熟ゆで卵　1個
塩、こしょう　各少々
マヨネーズ　小さじ1

つくり方

1. グリーンアスパラガスは根元のかたい部分を落とし、塩を入れた熱湯で約40秒ゆでて冷水にとり、冷めたら斜め3cm長さに切る。続いてさやいんげんを2〜3分ゆでて水気をきる。両端を落とし、斜めに2、3等分する。
2. 卵は粗みじんに切り、塩、こしょう、マヨネーズであえる。
3. アスパラといんげんをバジルペーストであえ、器に盛って卵をのせる。

少し前OK

2. アンチョビーオイル

イタリア料理ではアンチョビー、ケーパー、ドライトマトなどを「旨み」を出すための材料としてとてもよく使います。いわしを塩蔵、発酵させてつくられたアンチョビーは、旨みとコクが深いのはご存知の通りです。そのアンチョビーでつくるソースは、日本でも大人気。今や多くの市販品が出ていますが、今回ご紹介するオイルは酸味が少なく、野菜や魚介のドレッシングに便利です。生野菜とあえて、温野菜とあえて、パスタとあえて。つくりおきしておくと、食べたいときに、極上のイタリアンプレートが食卓を賑わせてくれるはずです。保存びんに入れて冷蔵庫で1週間ほど保存可能です。

材料(つくりやすい分量)
アンチョビー(フィレ) 6枚
にんにくのみじん切り 小さじ2
ケーパー 小さじ4
塩 小さじ1
こしょう 少々
バルサミコ酢 小さじ2
EXVオリーブオイル 大さじ8

つくり方
1. ケーパーは粗いみじん切りにする。アンチョビーはペーパータオルで表面の油を拭いてみじん切りにする。
2. 材料を合わせて混ぜる。

焼き野菜のイタリアンマリネ

焼いた野菜は旨みが濃厚。オードブルや、肉や魚のソテーのつけ合わせに。また、バゲットにチーズと一緒にはさんでサンドイッチに、などいろいろに使えるので、多めにつくっておくと重宝します。冷蔵庫で4日間くらい保存可能です。

材料(つくりやすい量)
パプリカ(赤と黄) 各1個
生しいたけ 6個
ズッキーニ 1本
塩、こしょう 各少々
アンチョビーオイル 大さじ4〜5
イタリアンパセリの葉 少々

つくり方
1. パプリカは縦4等分に切ってヘタと種を取り、強火のグリルで表皮が焦げるまで焼いて冷まし、皮をむいて食べやすい大きさに切る。生しいたけは軸を取り裏側を上にして中火のグリルで3〜4分焼き、2〜4等分に切る。ズッキーニは1cm厚さの輪切りにして強火のグリルで両面焼き色がつくまで焼く。以上を合わせて塩、こしょうをふる。
2. 1をアンチョビーオイルであえて器に盛り、イタリアンパセリの葉をキッチンばさみで粗く切りながら散らす。

焼きねぎの
アンチョビー
オイルあえ

甘くてとろんとしたねぎにコクたっぷりの
アンチョビーオイルがからんで美味。
トレビスをお皿代わりにして
盛りつけました。チコリに盛って
ボート風にしても素敵です。
下仁田ねぎや、
西洋ねぎのリーキでつくっても。

材料(2人分)

長ねぎ　1・1/2本
トレビス　3枚
アンチョビーオイル　大さじ2
イタリアンパセリ　1枝

つくり方

ねぎはグリルに入る長さに切り、中火で薄く色づくまで焼き、2cm長さに切る。アンチョビーオイルであえてトレビスの内側に入れ、器に盛ってイタリアンパセリを添える。

3. 白あえごろも

定番のあえもので春菊の白あえを
ご紹介しました（P.65）が、この本のテーマでもある
「なつかしくて新しい味」のひとつが白あえです。
ただ、白あえというと材料を下煮して
つくることが多く、つい面倒になりがちでした。
だから私はゆでただけの青菜や焼いただけの
しいたけなど、下煮をしない白あえをよく
つくっています。青菜はもちろん、スナップえんどうや
アスパラ、パプリカなどの洋野菜も白あえにします。
白あえごろもはきめが細かくて、
クリームのような舌ざわりにして、野菜に
とろりとからむのがおいしいと思っています。
フードプロセッサーなら、簡単にクリーム状に
できるので便利です。保存びんに入れて、
冷蔵庫で3～4日保存可能です。

材料（つくりやすい分量）

木綿豆腐　200g
白みそ　大さじ1
白練りごま　大さじ1
薄口しょうゆ　小さじ1
塩　少々
みりん　大さじ1
米酢　小さじ1

つくり方

1. 木綿豆腐は1cm厚さに切り、ペーパータオルの上に並べる。ペーパータオルをかぶせて上に重し（鍋や水の入っているペットボトルなど）をのせて30分ほどおいて水気をきり、重量が2割減（約160g）になるまで水気をきる。
2. フードプロセッサーに豆腐と調味料を入れて撹拌し、なめらかなクリーム状にする。フードプロセッサーがない場合はすり鉢にすべて合わせ入れ、すりこ木ですって混ぜる。

スナップえんどうとパプリカの白あえ

春になるとつくるお気に入りの白あえです。
スナップえんどうと焼きパプリカの
食感の違いを楽しんで。

材料（2人分）

黄パプリカ　1/2個
スナップえんどう　12個
スナップえんどうをゆでる塩　小さじ1
白あえごろも　大さじ3～4

つくり方

1. 黄パプリカはヘタと種を取り、表皮が焦げるまで焼いて皮をむく。縦半分に切って斜めに3等分する。スナップえんどうはヘタと筋を取り、塩を入れた熱湯で1分強ゆでて冷水にとって冷まし、水気を拭いて斜めに2、3等分に切る。合わせてボウルに入れる。
2. 白あえごろもを加えてあえ、器に盛る。

少し前OK

柿の白あえ

老舗料亭の偉大なる創業者がつくった柿の白あえですが、少しニュアンスを変えて盛りつけてみました。香ばしくローストしたくるみがアクセントになります。

材料(2人分)
柿　1個
白あえごろも　大さじ2〜3
くるみ　適量

つくり方
1. くるみは160℃のオーブンで7〜8分ローストする。
2. 柿は縦半分に切り、皮をむき、7mm厚さに切る。器に盛り、白あえごろもをかけ、くるみをのせる。白あえごろもがかたい場合は水少々を加えてとろりとした濃度にする。

せりと焼きしいたけの白あえ

生しいたけは焼くととてもいい香り。せりの香りとの共演です。大人のあえもの。日本酒によく合います。

材料(2〜3人分)
せり　1わ
せりをゆでる塩　小さじ1
生しいたけ　3個
生しいたけにふる塩　少々
白あえごろも　大さじ3〜4

つくり方
1. せりは根元を水に10分ほどつけてシャキッとさせる。塩を加えた熱湯に茎の部分を入れて15秒、葉も入れてさらに10秒ゆでて冷水にとり、冷めたら水気を絞って2cm長さに切る。生しいたけは軸を切り取り、グリルに入れて強火でしんなりするまで約3〜4分焼く。内側に塩をふってから3mm幅に切る。合わせてボウルに入れる。
2. ボウルに白あえごろもを加えてあえる。

少し前OK

4. 大根とにんじんのなます

おせちにも使う大根とにんじんのなますは、日持ちがするのでつくりおいておくと重宝します。しょうがを加えると大根のにおいも気にならず、和、洋、中、エスニックと幅広く使えます。豚や牛をしゃぶしゃぶしてあえたり、蒸し鶏とあえるのもおすすめです。

材料（つくりやすい分量）

大根　450g
にんじん　150g
塩　小さじ2
しょうがのせん切り　大さじ4
調味料
　砂糖　大さじ2
　米酢　大さじ4

つくり方

大根とにんじんは4cm長さのせん切りにする。ボウルに合わせ入れて混ぜ、塩をふってかるく混ぜてしばらくおく。しんなりして水分が出てきたら水気を絞り、しょうがのせん切りと調味料を加えてあえる。

豚とえびのベトナム風サラダ

ちょっと手間がかかりますが、いろいろな材料の味と食感がナムプラーとからみ合って、甘酸っぱい複雑なおいしさをつくり出します。刻んだパイナップルが味の決め手です。

材料（作りやすい量）

豚ひき肉（赤身）　100g
チキンスープ※　1/3カップ
えび（無頭）　80g
大根とにんじんのなます　180g
紫玉ねぎ　1/4個
みょうが　2個
新しょうがのせん切り　大さじ2
パイナップルのみじん切り　50g
ピーナッツの粗みじん切り　大さじ2
エスニックだれ（混ぜ合わせる）
　ナムプラー　大さじ2
　レモン汁　大さじ2
　砂糖　小さじ1
　一味唐辛子　少々
ミントの葉、香菜　各適量

※熱湯1/3カップに鶏がらスープの素小さじ1/3を入れて溶かしたもの。

つくり方

1. えびはあれば背ワタを取って殻と尾を取り除き、粗いみじん切りにする。
2. フライパンにチキンスープを煮立て、豚ひき肉を加えて混ぜながら加熱し、色が変わったらえびを加えて混ぜながら赤くなるまで火を通す。ザルにあげて水気をきり、ボウルに入れてエスニックだれを1/3量加えて下味をつける。
3. 紫玉ねぎは繊維に沿って薄切りにする。みょうがは小口切りにして水にさらし、水気を絞る。
4. 2に大根とにんじんのなます、紫玉ねぎ、みょうが、新しょうが、パイナップル、ピーナッツを入れてざっと混ぜ合わせる。残りのエスニックだれを加えてあえ、器に盛ってミントの葉、香菜を散らす。

少し前OK

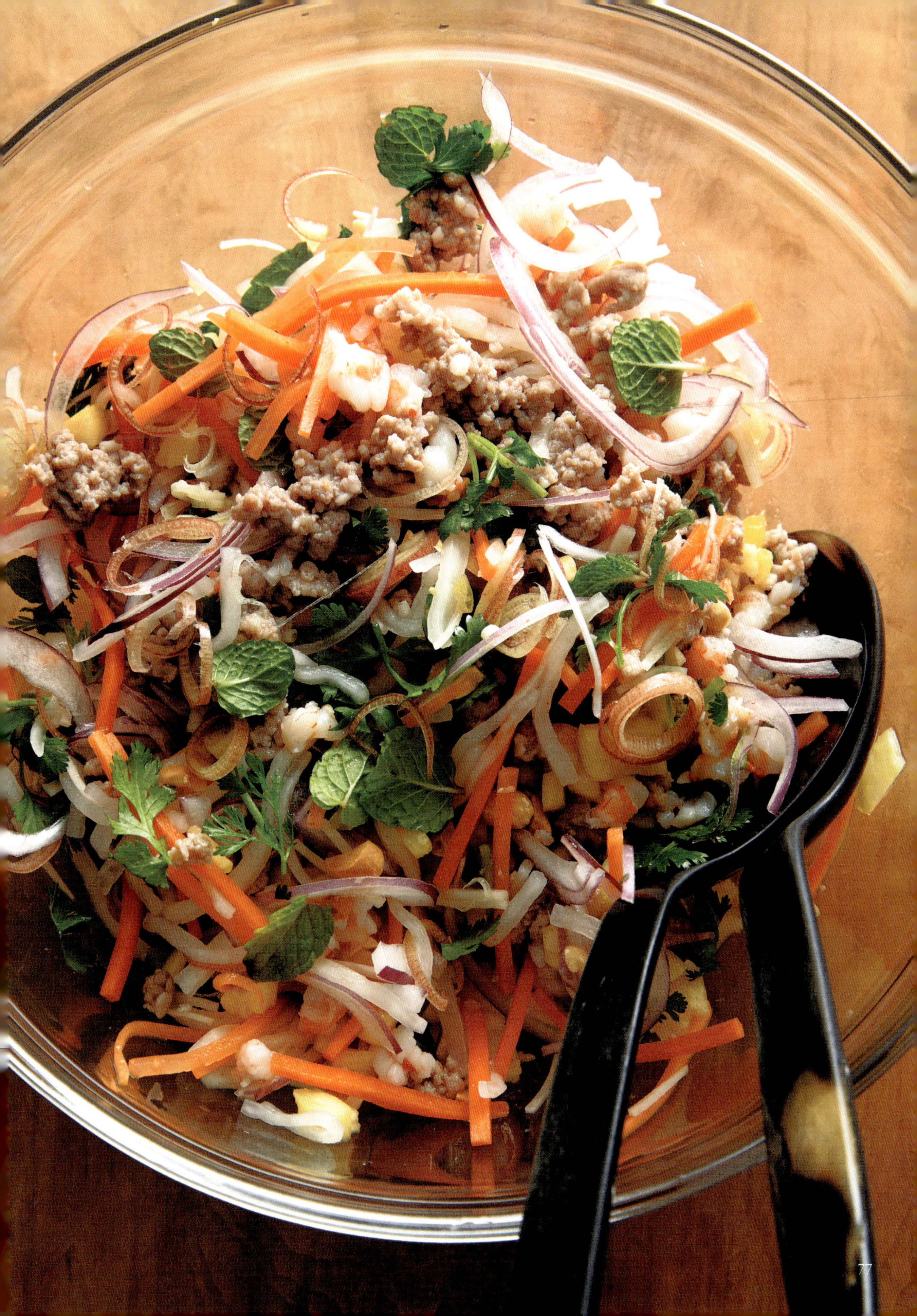

スモークサーモンのなますあえ

大根とにんじんのなますにサラダ玉ねぎを加えて味にアクセントをつけました。
サラダ玉ねぎがないときは玉ねぎを水にさらして辛みをとってから加えてください。
サーモンが入るとぐんとごちそう感が増します。白ワインととてもよく合います。

材料(2〜3人分)

- スモークサーモン　50g
- 大根とにんじんのなます　200g
- サラダ玉ねぎ　50g
- フェンネルまたはディルの葉を刻んだもの　小さじ1
- レモン汁　小さじ2
- 塩、こしょう　各少々
- EXVオリーブオイル　大さじ1・1/2

つくり方

1. サラダたまねぎは薄切りにする。スモークサーモンは食べやすい大きさに切る。
2. 材料を全部合わせてかるくあえ、器に盛る。

前日OK

ツナサラダのなますあえ

いつものサラダになますを加えただけで、食べ慣れた味が新しい味に変身。
今回は少量のマヨネーズを加えてまろやかさをプラスしてみました。
オリーブオイルでも、ごま油でも、その日の気分であえてください。

材料(2人分)

大根とにんじんのなます　200g
きゅうり　1本
きゅうり用の塩　小さじ1/4
ツナ缶(小)　1缶(70g)
マヨネーズ　大さじ1
塩、こしょう　各少々

つくり方

1. ツナは油をきる。きゅうりは薄い小口切りにして塩をふって10分ほどおき、しんなりしたら水気をかるく絞る。
2. ボウルに大根とにんじんのなますと1を入れて混ぜ、マヨネーズ、塩、こしょうであえる。

少し前OK

5. 牛肉のしぐれ煮

甘辛味のしぐれ煮は料理教室でつくって好評の一品です。牛肉を湯通ししてからつくるので、アクが取れてすっきりした煮上がりです。そのまま炊きたてのご飯と食べてもおいしいのですが、いろいろなものと組み合わせて違うお料理に変身させることができます。一番人気は「しぐれ肉じゃが」。粉ふきにしたほくほくのじゃがいもに甘辛い牛肉が汁ごとからんで、ほんとうにおいしいのです。
煮ないで「あえる肉じゃが」をぜひつくってみてください。

材料（つくりやすい分量）
牛ロース切り落とし　400g
調味料
　酒、みりん、しょうゆ　各大さじ4
　砂糖　大さじ3
実山椒の塩漬け　小さじ4

つくり方
1. 牛肉は1cm幅に切り、80℃の湯で湯通しして水気をきる。
2. 調味料を鍋に入れ、煮立てて少し煮詰めたところに、牛肉と実山椒を加えて煮汁が1/3量になるまで中火で煮る。

牛肉は80℃の湯でさっと湯通しし、ピンク色になったらザルにあげて水気をきります。完全に火を通してしまうとかたくなってしまうので注意して。この一手間で余分なアクや臭みが取れて、すっきりした味に仕上がります。

しぐれ肉じゃが

煮くずれたじゃがいもに牛肉のしぐれ煮がからんで、まったりとしたおいしさに。食べごたえのある、力強いあえものです。ゆで上がったじゃがいもは、しっかり水気をとばして粉ふき状にすることがポイントです。

材料（2〜3人分）
じゃがいも　3個（約400g）
牛肉のしぐれ煮　200g

つくり方
1. じゃがいもは皮をむいて一口大に切り、鍋に入れてかぶるくらいの水を加える。中火で竹串がすっと通るようになるまでやわらかくゆでる。
2. ゆで汁を捨てて強火にかけ、粉ふきにする。
3. 温めた牛肉のしぐれ煮を加え、じゃがいもを少しつぶしながら混ぜて器に盛る。

ゆで汁を捨てたじゃがいもは強火にかけ、全体に粉がふくまで鍋をゆすりながら水分をとばします。こうすると、牛肉のしぐれ煮が煮汁ごとじゃがいもにしっかりからみます。

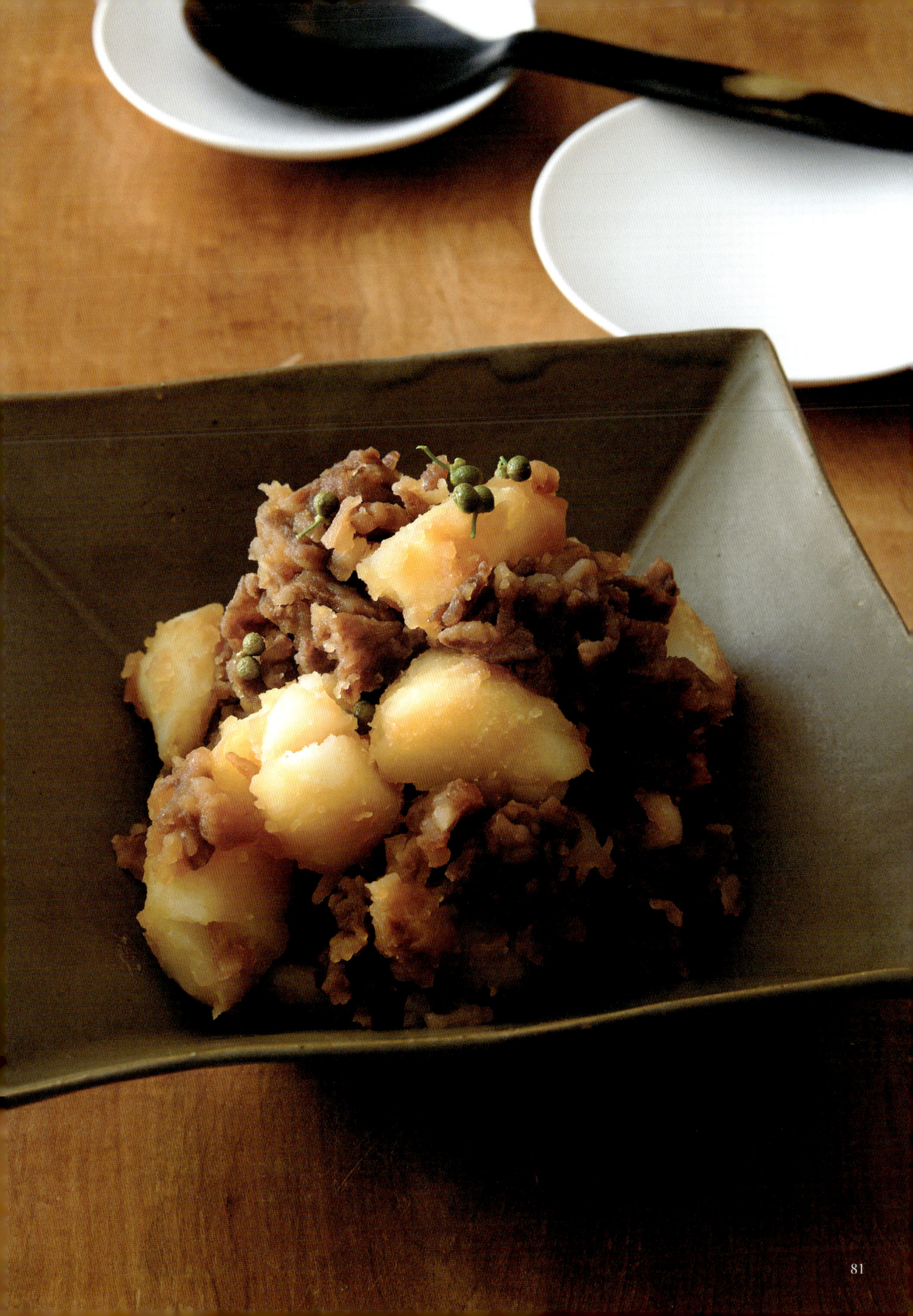

せん切りサラダの しぐれ煮あえ

せん切り野菜としぐれ煮を
あえながらいただきます。
そのおいしさ、手軽さにきっとはまるはず。
サラダほうれん草やレタス、クレソンなどでも
試してください。生野菜サラダが
存在感たっぷりの「おかず」になります。

材料(2人分)
牛肉のしぐれ煮　100g
キャベツ　150g
セロリ　80g
新玉ねぎ　1/4個(60g)
セロリの葉のせん切り　少々
調味料
　塩、こしょう　各少々
　マヨネーズ　大さじ1
セロリの葉　少々

つくり方
キャベツは太めのせん切りにする。セロリは薄切りにする。新玉ねぎは薄切りにする。以上とセロリの葉のせん切りを合わせて調味料であえる。器に盛って牛肉のしぐれ煮をのせ、セロリの葉をあしらい、全体をあえながらいただく。

ビビンバ

しぐれ煮をのせた、ごちそうビビンバ。
どれもつくりおきできるので、
お客様のときにも重宝します。
全体をよく混ぜて、渾然一体の美味を
味わってください。

材料(2人分)

ナムル数種※　各適量
(小大豆もやしのナムル、にんじんのナムル、
根三つ葉のナムル、きゅうりのナムルなど)
牛肉のしぐれ煮　適量
錦糸卵　適量
好みでコチュジャン　適量
温かいご飯　丼2杯分
※ナムルのつくり方はP.28、29参照。

つくり方

器にご飯を盛り、ナムルを彩りよくのせる。錦糸卵をのせて中央に牛肉のしぐれ煮をおく。好みでコチュジャンを添える。

つくりおきできるからうれしい！
「あえもの常備菜」

冷蔵庫にひとつ、ふたつ、つくりおいたおかずがあると、ちょっぴり安心ですよね。
出かける前のあわただしい朝食や、忙しくてゆっくりつくれない日の夕食、また、
急なお客様のときなどに、味がしっかりとなじんだあえものは大活躍すること間違いなしです。
保存が可能で、つくりたてでなくてもおいしい、さらに時間をおいたほうがなおおいしい、
というような「あえもの常備菜」をご紹介しましょう。

温野菜のサラダ

器に盛って好みでパルミジャーノやフェタ、ミモレットなどのチーズや、ローストしたくるみを散らしてもおいしくいただけます。ワインにもよく合うごちそうサラダ。冷蔵庫で3〜4日間、保存できます。

材料（つくりやすい分量）

赤パプリカ　2個
れんこん　6cm
れんこんをゆでる塩　少々
エリンギ　4本
かぼちゃ　1/4個
オリーブオイル　適宜
塩　適宜
ドレッシング（混ぜ合わせる）
　塩　小さじ1
　こしょう　少々
　米酢　小さじ4
　バルサミコ酢　小さじ2
　にんにくのすりおろし　小さじ1/3
　EXVオリーブオイル　大さじ5

つくり方

1. 赤パプリカは縦に4等分してヘタと種を取り、強火のグリルで表皮が焦げるまで焼き、冷めたら皮をむく。縦1cm幅に切ってから斜めに2、3等分する。

2. れんこんは太ければ半月に切り、薄切りにして酢水（水1カップに酢小さじ1の割合）に10分ほどさらし、塩を加えた熱湯でさっとゆで、ザルにあげて水気をきる。

3. エリンギは根元を落として長さを2、3等分して7mm厚さに切る。かぼちゃはワタと種を取り除き、皮をところどころむいて5mm厚さに切る。

4. フライパンにオリーブオイル小さじ2を熱し、エリンギを入れて中火で薄いきつね色に焼き、塩少々をふって取り出す。続いてオリーブオイル大さじ1を足してかぼちゃを両面薄いきつね色に焼き、塩少々をふって取り出す。

5. 野菜を合わせてよく混ぜたドレッシングであえる。

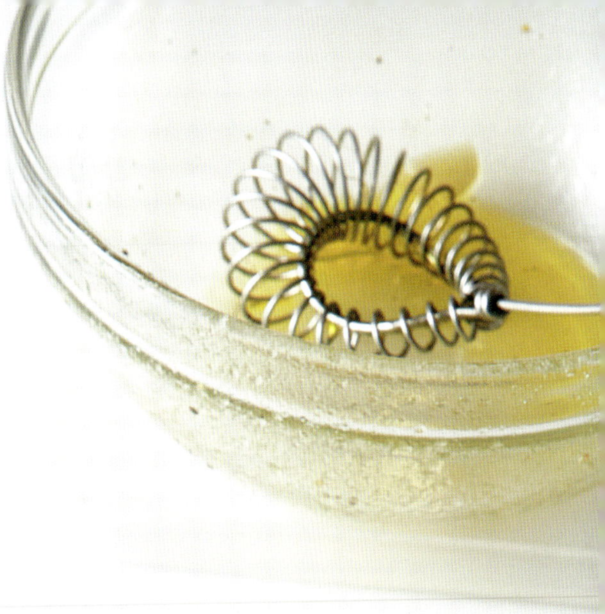

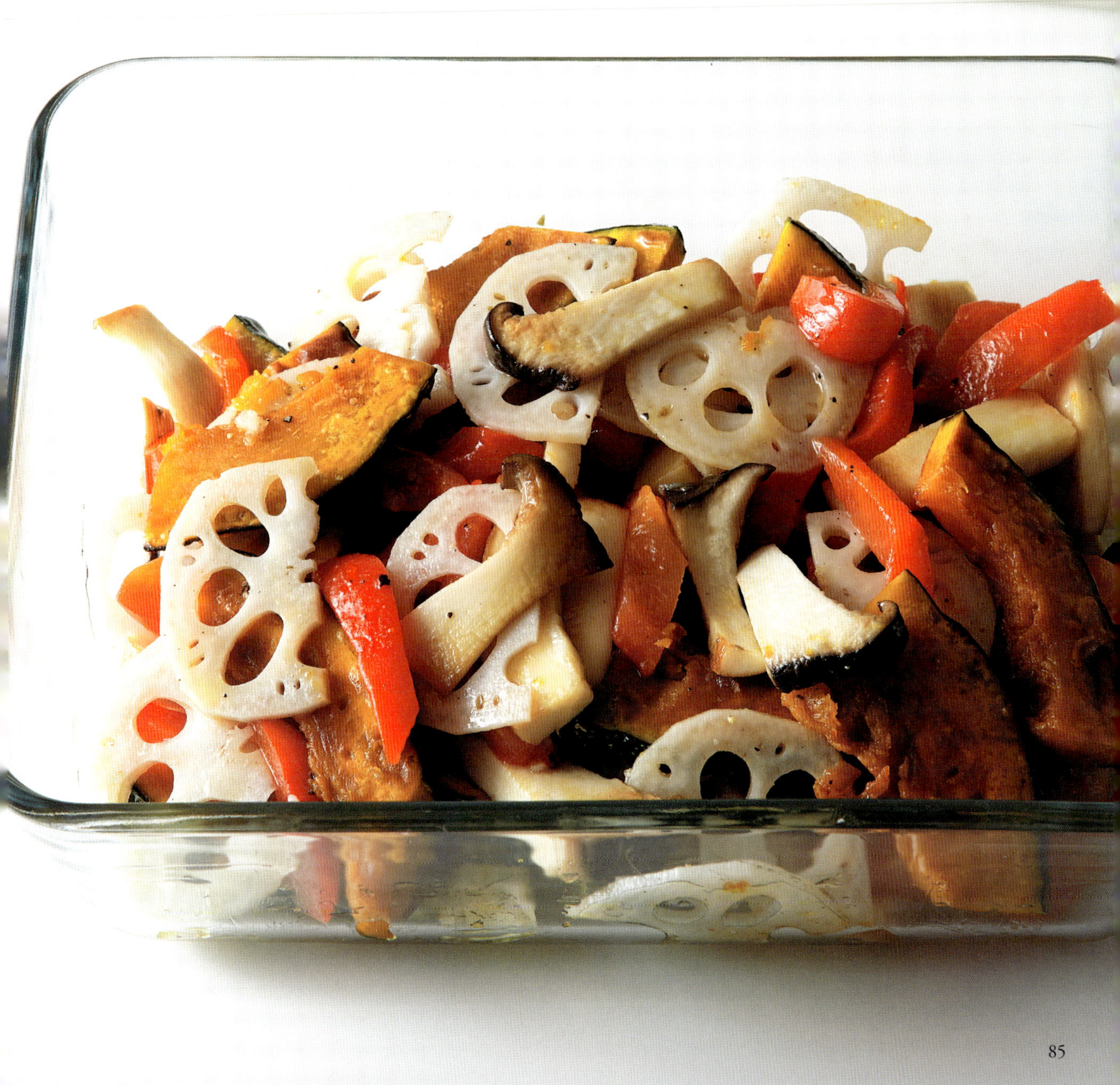

小アジの南蛮漬け

酢の分量を少なめにして、酸味を控えました。まろやかな味なので
酸っぱいものが少し苦手、という方にも大好評です。小さいアジをみつけたときは
迷わず購入して、南蛮漬けをつくります。魚を丸ごと食べられるので、
体にもうれしいメニューです。冷蔵庫で3〜4日間、保存できます。

材料（つくりやすい分量）

小アジ（豆アジ）　24尾
小麦粉　適量
揚げ油　適量
にんじん　1/2本
新玉ねぎ　1個
マリネ液
　新しょうがのせん切り[※1]　大さじ4
　麺つゆ[※2]　200mℓ
　米酢　大さじ2

※1 新しょうががなければしょうがのせん切り大さじ2で代用して。
※2 だし汁150mℓ、しょうゆ、みりん各大さじ2・1/2を合わせて煮立てる。

つくり方

1. 小アジの下処理をする。小アジは腹側を上にしてえらを広げ、あごとえらのつなぎ目を指でつまんでえらを引っ張るようにして手前に引き、内臓を取る。もしアジが大きめなら頭を落とす。表面と腹の中をペーパータオルで拭く。
2. 小麦粉を全面にはたきつけ、腹の中側にもしっかりはたく。150℃の揚げ油でゆっくり揚げ、カリッとしてきたら高温にしてカラリと揚げ、油をきる。
3. にんじんは斜め薄切りにして3mm幅に切る。新玉ねぎは縦4等分にしてから繊維と直角に薄切りにする。
4. 材料を合わせてマリネ液を加え、全体をあえて冷蔵庫で保存する（30分程度おくと食べられる）。

87

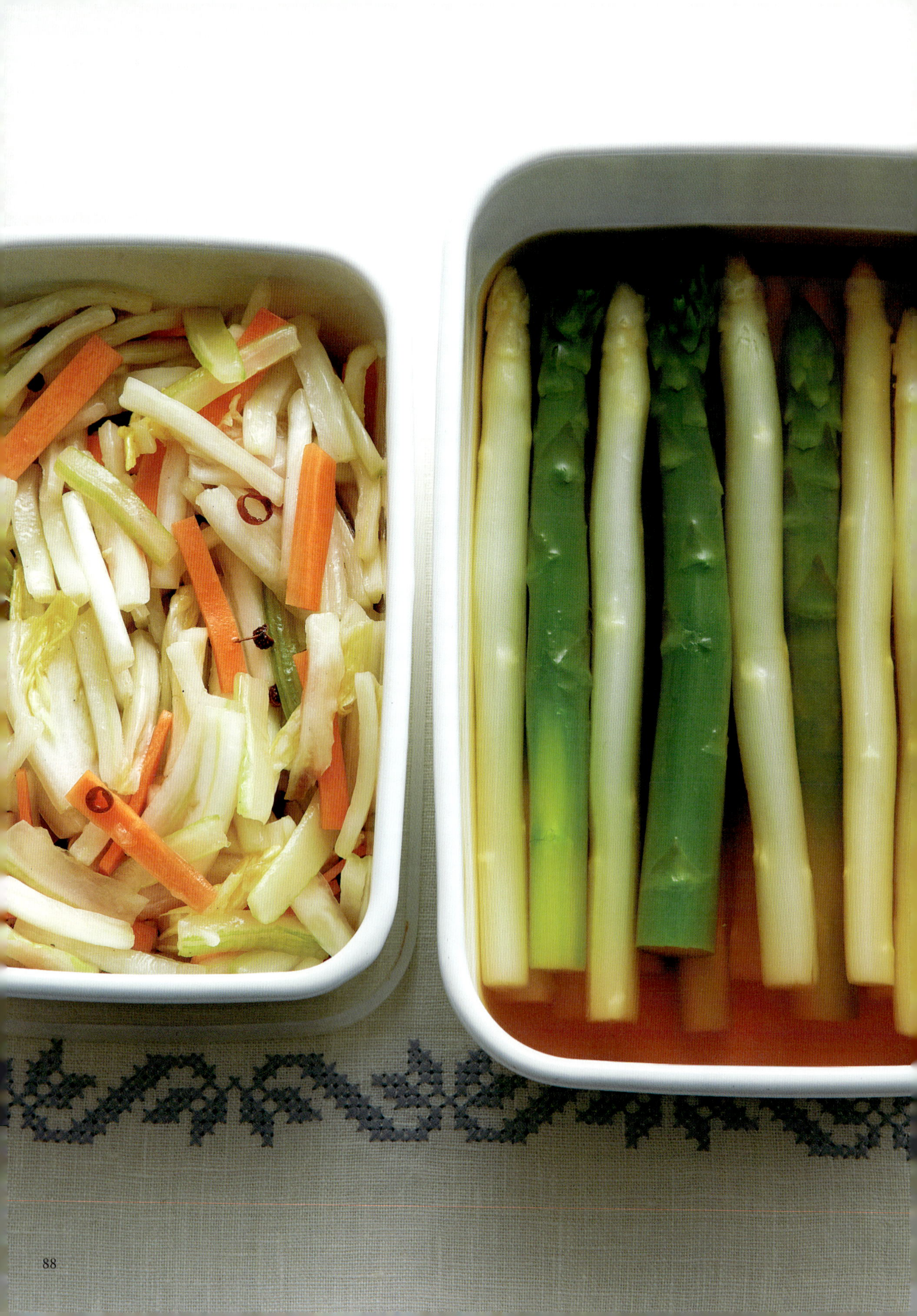

白菜の甘酢漬け(辣白菜)

四川の家庭料理のひとつの辣白菜(ラーパイツァイ)。
塩漬けにした白菜に辛みと甘みを加えてつくります。
「辣」は山椒のヒリヒリした辛さを意味します。中国山椒の花椒と油を熱し、
香りを移します。冷蔵庫で1週間、保存できます。

材料(つくりやすい分量)

白菜　300g
セロリ　1本
にんじん　1/2本
塩　小さじ2
甘酢(混ぜ合わせる)
├ 米酢　大さじ3
└ 砂糖　大さじ1・1/2
山椒オイル
├ ごま油　大さじ1
├ 花椒　小さじ1/2
└ 赤唐辛子の小口切り　1/2本分

つくり方

1. 白菜は芯と葉に分け、4cm長さに切ってから芯は繊維に沿って細切りにする(葉はスープや炒めものなどに使える)。
2. セロリは筋を取って白菜と同様に切る。にんじんは4cm長さのせん切りにする。
3. 野菜をボウルに入れて塩をふり、しんなりするまでもんで、しばらくおく。水分が出てきたら絞って甘酢を加えて全体をあえる。
4. 小鍋に山椒オイルの材料を合わせ入れ、火にかけて煮立ったら3にかけて混ぜる。数時間後には味がなじんでおいしくなる。

アスパラガスのだししょうゆあえ

ホワイトアスパラガスは表面の皮がかたいので、穂先から下の皮をピーラーでむいてください。
切り落とした根元とむいた皮に旨みがあるので、鍋に一緒に入れて下ゆですることで
さらにおいしさがアップします。なんとも上品で、すっきりした味わいのあえもので、しみじみと
おいしさを感じていただけるはずです。冷蔵庫で3〜4日間、保存できます。

材料(つくりやすい分量)

グリーンアスパラガス　4〜6本
ホワイトアスパラガス　4〜6本
だししょうゆ(混ぜ合わせる)
├ だし汁　150ml
├ 薄口しょうゆ　大さじ1・1/3
└ 酒　小さじ1

つくり方

1. グリーンアスパラガスは根元のかたい部分を切り落とし、下から1/4ほどの皮をピーラーでむく。ホワイトアスパラガスは根元のかたい部分を切り落とし、穂先から下をピーラーでむく。落とした穂先と皮はアスパラガスをゆでる鍋に入れて水をはり、煮立てる。塩小さじ1を入れてグリーンアスパラガスを入れて40〜50秒ゆでる。冷水にとって冷まし、水気をきる。
2. 続いて塩小さじ1を足してホワイトアスパラガスを入れて2分ほどゆでる。かたさがよければ取り出してそのまま水気をきる。
3. 冷めたら容器に入れてだししょうゆを注ぐ。30分以上冷蔵庫で冷やし、3cm長さに切って盛り合わせる。

ホワイトアスパラガスは切り落とした根元とむいた皮も一緒にゆでると、野菜スープでゆでているような旨みが出ます。皮をむくと細くなるので、購入するときは太めのものを選んでください。

ポテトサラダ

オリーブオイルが入るので、なめらかな味わい。ゆで上がった
じゃがいもは強火であおって水分をとばし、粉ふき状態にすることと、じゃがいもが熱いうちに
下味をなじませることがおいしくつくるポイントです。冷蔵庫で3〜4日間、保存できます。

材料（つくりやすい分量）

じゃがいも（メークイン）　3個（600g）
にんじん（小さめのもの）　1本
にんじんをゆでる塩　小さじ1/3
きゅうり　1本
きゅうり用の塩　少々
玉ねぎ　1/3個
じゃがいもの下味用
- 米酢　小さじ2
- 塩　小さじ1/4
- こしょう　少々
- EXVオリーブオイル　大さじ1

あえごろも（混ぜ合わせる）
- マヨネーズ　大さじ3〜4
- 砂糖　小さじ1

つくり方

1. じゃがいもは皮をむき、縦半分に切って4等分する。
2. にんじんは3mm厚さに切る（太ければ半月に切る）。塩を加えた熱湯で5〜6分ゆでて水気をきる。
3. きゅうりは薄い小口切りにして塩をふり、しんなりしたら水気を絞る。玉ねぎは薄切りにして水にさらし、水気をきってペーパータオルで水分を拭く。
4. じゃがいもを鍋に入れてかぶるくらいの水を加え、中火で約15分間ゆでる。竹串を刺してすっと通るようになれば水をきり、鍋を強火にかけてあおって水分をとばす。ポテトマッシャーで大まかにつぶし、熱いうちに玉ねぎと下味用の調味料を加えて混ぜる。
5. じゃがいもが冷めたらにんじんときゅうりを加えて混ぜ、あえごろもであえる。

レンズ豆のサラダ

レンズ豆でつくりましたが、
大豆でもひよこ豆でもつくれます。
ミックスビーンズにしても楽しいですね。
サラダとしてはもちろん、
肉や魚のつけ合わせにしても、
また、バゲットと合わせてワインと
一緒にいただくのもおすすめです。
冷蔵庫で4〜5日間、保存できます。

材料（つくりやすい分量）

レンズ豆　1/2カップ
あえごろも
- 玉ねぎの粗みじん切り　大さじ4
- ケーパー　大さじ1
- アンチョビー（フィレ）　2枚
- ドライトマト　2枚
- にんにくのすりおろし　小さじ1/4
- 赤ワインビネガー　大さじ1
- EXVオリーブオイル　大さじ2
- 塩　小さじ1/3
- こしょう　少々

イタリアンパセリ　3枝

つくり方

1. レンズ豆は洗ってたっぷりの水を加えて芯がなくなるまで、約15分ゆで、水気をきる。
2. あえごろもをつくる。玉ねぎは辛いようなら水にさらし、水気をきる。ケーパーはみじん切りにする。アンチョビーはペーパータオルで油を拭いてみじん切りにする。ドライトマトは湯につけて10分ほどおき、みじん切りにする。
3. あえごろもの材料をすべて合わせてよく混ぜ、レンズ豆とあえる。仕上げにイタリアンパセリの葉をキッチンばさみで刻んで加えて混ぜる。

91

一目でわかる、
たれやソースのつくりおきレシピ

毎日のあえものづくりを手早く、らくちんに！あえる「たれ」や「ソース」をストックしておくと便利です。
びんなどの密閉容器に入れて、冷蔵庫で保存してください。食べたいな、と思ったときにすぐにつくれるあえものサラダは、
野菜不足も解消してくれそう。献立づくりの強い味方になってくれるはずです。

だししょうゆ　保存期間 冷蔵庫で **4日間**

ポン酢　保存期間 冷蔵庫で **3週間**

麺つゆ　保存期間 冷蔵庫で **5日間**

エスニックだれ　保存期間 冷蔵庫で **3週間**

ごま酢　保存期間 冷蔵庫で **3週間**

ごまソース　保存期間 冷蔵庫で **3週間**

だししょうゆ

- だし汁　200mℓ
- 薄口しょうゆ　大さじ2
- 酒またはみりん　小さじ2

すべてを合わせて混ぜる。

Point
・だし汁は濃いめにとったものを使ってください。
・市販のだしを使う場合はしょうゆの分量を加減してください。
・材料が水分が多くて味が薄いと感じたら塩少々を加えてください。

だししょうゆをつかって…
青菜としめじのだししょうゆあえ　P.30
えびと冬瓜のだししょうゆあえ　P.32
焼き万願寺唐辛子のだししょうゆあえ　P.33
貝割れと油揚げのだししょうゆあえ　P.34
初夏の野菜のおひたし　P.35
ほうれん草のおひたし　P.62
(上記の料理の中にはあえる材料によって調味料の分量が若干異なるものがあります。)

ポン酢

- しょうゆ　90mℓ
- 米酢　大さじ2
- 柑橘の果汁　大さじ2
- 砂糖　小さじ1

すべてを合わせて混ぜる。

Point
・コクを出すためにだし汁を加えたり、甘めがいい場合はみりんを加えるなど、お好みに合わせてつくってください。

ポン酢をつかって…
ポン酢油淋鶏　P.36
春キャベツと絹さやのポン酢あえ　P.38
鮭のソテー ゆずおろしあえ　P.40
小松菜の磯おろしあえ　P.41

マヨネーズをプラスして…
かにとレタスのポン酢マヨあえ　P.38

麺つゆ

- だし汁　300mℓ
- しょうゆ　75mℓ
- みりん　75mℓ

すべてを合わせて鍋に入れ、煮立ったら火を止める。

Point
・だし汁は濃いめにとったものを使ってください。
・市販のだしを使う場合はしょうゆの分量を加減してください。

麺つゆをつかって…
トマトそうめん　P.42
揚げだし豆腐　P.44
サラダそば　P.44
なす、かぼちゃ、いんげんの揚げだし　P.45
小アジの南蛮漬け　P.86

エスニックだれ

- ナンプラー　90mℓ
- レモン汁　90mℓ
- 砂糖　大さじ1

すべてを合わせて混ぜる。

Point
・使うときににんにくやしょうがのみじん切り、一味唐辛子、レモン汁、砂糖などを加えてください。

エスニックだれをつかって…
ヤム・ヌア(タイ風牛肉サラダ)　P.46
クレソンと豚肉のサラダ　P.48
えびのから揚げ、ナンプラー甘酢あえ　P.49
タイ風春雨サラダ　P.50
ゴーヤーとオニオンスライスのピリ辛あえ　P.51
豚とえびのベトナム風サラダ　P.76

ごま酢

- 白いりごま(粗ずり)　大さじ3
- 白練りごま　大さじ3
- 薄口しょうゆ　大さじ2
- 米酢　大さじ2
- 酒、みりん　各大さじ3

酒とみりんを合わせ、600wの電子レンジで40秒加熱してアルコール分をとばしてから、他の材料と混ぜ合わせる。

Point
・しょうゆ、酒、みりんなどの液体調味料を、練りごまに少量ずつ混ぜながら加えるとなめらかなたれになります。

ごま酢をつかって…
和風コールスロー　P.56
鶏ときゅうり、こんにゃくのごま酢あえ　P.57

ごまソース

- 白練りごま　大さじ4
- しょうゆ　大さじ4
- 砂糖、酢、酒　各小さじ4
- 豆板醤　小さじ2/3～1
- ごま油　小さじ4

すべてを合わせて混ぜる。

Point
・しょうゆ、ごま油などの液体調味料を、練りごまに少量ずつ混ぜながら加えるとなめらかなたれになります。

ごまソースをつかって…
豚の冷しゃぶ ごまソース　P.58
水餃子 ごまソース　P.59

素材別さくいん

野菜

アスパラガス
春野菜のイタリアンサラダ　カバー袖
初夏の野菜のおひたし　35
グリーンアスパラガスといんげんの
バジルペーストあえ　70
アスパラガスのだししょうゆあえ　88

いんげん
なす、かぼちゃ、いんげんの揚げだし　45
なすといんげんのごまあえ　54
グリーンアスパラガスといんげんの
バジルペーストあえ　70

オクラ
長いもとオクラのわさびポン酢　39
豚の冷しゃぶごまソース　58

貝割れ菜
貝割れと油揚げのだししょうゆあえ　34

かぼちゃ
なす、かぼちゃ、いんげんの揚げだし　45
温野菜のサラダ　84

絹さや
春キャベツと絹さやのポン酢あえ　38

木の芽
たけのこの木の芽あえ　67

キャベツ
春キャベツと絹さやのポン酢あえ　38
和風コールスロー　56
せん切りサラダのしぐれ煮あえ　82

きゅうり
きゅうりのナムル　28
ヤム・ヌア（タイ風牛肉サラダ）　46
クレソンと豚肉のサラダ　48
鯛のごましょうゆあえ　55
鶏ときゅうり、こんにゃくのごま酢あえ　57
ツナサラダのなますあえ　79
ビビンバ　83
ポテトサラダ　90

クレソン
クレソンと豚肉のサラダ　48

ゴーヤー
ゴーヤーとオニオンスライスの
ピリ辛あえ　51

小松菜
小松菜の磯おろしあえ　41

しし唐辛子
焼きなすのレバノン風　18

じゃがいも
たこポテト　19
しぐれ肉じゃが　80
ポテトサラダ　90

春菊
やりいかのガーリック風味サラダ　16
青菜としめじのだししょうゆあえ　30
春菊の白あえ　65

ズッキーニ
焼き野菜のイタリアンマリネ　72

スナップえんどう
春野菜のイタリアンサラダ　カバー袖
スナップえんどうとパプリカの白あえ　74

せり
せりとにんじんのごまあえ　52
せりと焼きしいたけの白あえ　75

セロリ
やりいかのガーリック風味サラダ　16
せん切りサラダのしぐれ煮あえ　82
白菜の甘酢漬け（辣白菜）　88

そら豆
初夏の野菜のおひたし　35

大根
鮭のソテー　ゆずおろしあえ　40
小松菜の磯おろしあえ　41
サラダそば　44
大根とにんじんのなます　76
豚とえびのベトナム風サラダ　76
スモークサーモンのなますあえ　78
ツナサラダのなますあえ　79

たけのこ
たけのこの木の芽あえ　67

玉ねぎ
ゴーヤーとオニオンスライスの
ピリ辛あえ　51
和風コールスロー　56
小アジの南蛮漬け　86

青梗菜
青梗菜とじゃこの
焦がしごましょうゆあえ　25

冬瓜
えびと冬瓜のだししょうゆあえ　32

トマト
いろいろトマトのあえもの　6
初夏の野菜のおひたし　35
トマトそうめん　42
ヤム・ヌア（タイ風牛肉サラダ）　46

長いも
長いもとオクラのわさびポン酢　39
まぐろとわけぎのぬた　66

長ねぎ
焼きねぎのアンチョビーオイルあえ　73

なす
焼きなすのレバノン風　18
ポン酢油淋鶏　36
なす、かぼちゃ、いんげんの揚げだし　45
なすといんげんのごまあえ　54

菜の花
春野菜のイタリアンサラダ　カバー袖
菜の花の辛子あえ　60

にんじん
にんじんのナムル　29
せりとにんじんのごまあえ　52
大根とにんじんのなます　76
豚とえびのベトナム風サラダ　76
スモークサーモンのなますあえ　78
ツナサラダのなますあえ　79
ビビンバ　83
小アジの南蛮漬け　86
白菜の甘酢漬け（辣白菜）　88
ポテトサラダ　90

ハーブ
えびと帆立て貝のセビーチェ　14
豆腐とアボカドのサラダ　20
ヤム・ヌア（タイ風牛肉サラダ）　46
えびのから揚げ、ナンプラー甘酢あえ　49
タイ風春雨サラダ　50
バジルペースト　70
グリーンアスパラガスといんげんの
バジルペーストあえ　70
スパゲッティ　バジルペーストあえ　71
豚とえびのベトナム風サラダ　76
レンズ豆のサラダ　90

白菜
白菜の甘酢漬け（辣白菜）　88

パプリカ
グレープフルーツとアボカドのサラダ　17
焼き野菜のイタリアンマリネ　72
スナップえんどうとパプリカの白あえ　74
温野菜のサラダ　84

ブロッコリー
シーザーサラダ　10
ブロッコリーの黒ごまあえ　54

ふき
やりいかとふきの辛子酢みそあえ　64

ほうれん草
青菜としめじのだししょうゆあえ　30
ほうれん草のおひたし　62

万願寺唐辛子
焼き万願寺唐辛子のだししょうゆあえ　33

三つ葉
根三つ葉のナムル 29
ビビンバ 83

みょうが
みょうがと搾菜のあえ麺 22

紫玉ねぎ
グレープフルーツと
アボカドのサラダ 17
ヤム・ヌア（タイ風牛肉サラダ） 46
豚とえびのベトナム風サラダ 76
ビビンバ 83

もやし
小大豆もやしのナムル 28
ビビンバ 83

レタス・サニーレタス・サラダ菜
シーザーサラダ 10
やりいかのガーリック風味サラダ 16
かにとレタスのポン酢マヨあえ 38
えびのから揚げ、ナンプラー甘酢あえ 49
豚の冷しゃぶ ごまソース 58
水餃子 ごまソース 59

れんこん
れんこんの梅あえ 66
温野菜のサラダ 84

わけぎ
まぐろとわけぎのぬた 66

きのこ
青菜としめじのだししょうゆあえ 30
焼き野菜のイタリアンマリネ 72
せりと焼きしいたけの白あえ 75
温野菜のサラダ 84

果物

アボカド
グレープフルーツとアボカドのサラダ 17
豆腐とアボカドのサラダ 20

柿
柿の白あえ 75

グレープフルーツ
グレープフルーツとアボカドのサラダ 17

肉

牛肉
ヤム・ヌア（タイ風牛肉サラダ） 46
牛肉のしぐれ煮 80
しぐれ肉じゃが 80
せん切りサラダのしぐれ煮あえ 82
ビビンバ 83

豚肉・豚ひき肉・ベーコン
シーザーサラダ 10

豚肉のチャプチェ 26
クレソンと豚肉のサラダ 48
豚の冷しゃぶ ごまソース 58
水餃子 ごまソース 59
豚とえびのベトナム風サラダ 76

鶏肉
ポン酢油淋鶏 36
タイ風春雨サラダ 50
鶏ときゅうり、こんにゃくのごま酢あえ 57

魚介

アジ
小アジ南蛮漬け 86

いか
やりいかのガーリック風味サラダ 16
やりいかとふきの辛子酢みそあえ 64

えび
えびと帆立て貝のセビーチェ 14
えびと冬瓜のだししょうゆあえ 32
えびのから揚げ、ナムプラー甘酢あえ 49
豚とえびのベトナム風サラダ 76

かつお
かつおのたたき レモンしょうが風味 21

かに
かにとレタスのポン酢マヨあえ 38

鮭
鮭のソテー ゆずおろしあえ 40

鯛
鯛のごましょうゆあえ 55

たこ
たこポテト 19
たことわかめの酢のもの 61

帆立貝
えびと帆立て貝のセビーチェ 14

まぐろ
まぐろとわけぎのぬた 66

卵・豆腐・豆腐加工品

卵
グリーンアスパラガスといんげんの
バジルペーストあえ 70

豆腐
豆腐とアボカドのサラダ 20
揚げだし豆腐 44
春菊の白あえ 65
白あえごろも 74
スナップえんどうとパプリカの白あえ 74
せりと焼きしいたけの白あえ 75
柿の白あえ 75

油揚げ
貝割れと油揚げのだししょうゆあえ 34

ご飯・麺・パン・パスタ・餃子の皮

ご飯
ビビンバ 83

麺
みょうがと搾菜のあえ麺 22
トマトそうめん 42
サラダそば 44

パン
明太子ディップ＆ブルスケッタ 24

パスタ
スパゲッティ バジルペーストあえ 71

餃子の皮
水餃子 ごまソース 59

海産物加工品・乾物

アンチョビー
アンチョビーオイル 72
焼き野菜のイタリアンマリネ 72
焼きねぎのアンチョビーオイルあえ 73

桜えび
ゴーヤーとオニオンスライスの
ピリ辛あえ 51

スモークサーモン
スモークサーモンのなますあえ 78

ちりめんじゃこ
青梗菜とじゃこの
焦がしごましょうゆあえ 25

ツナ
ツナサラダのなますあえ 79

明太子
明太子ディップ＆ブルスケッタ 24

春雨
豚肉のチャプチェ 26
タイ風春雨サラダ 50

レンズ豆
レンズ豆のサラダ 90

わかめ
たことわかめの酢のもの 61
鶏ときゅうり、こんにゃくのごま酢あえ 57

その他

こんにゃく
鶏ときゅうり、こんにゃくのごま酢あえ 57

漬けもの
みょうがと搾菜のあえ麺 22

95

河村みち子

神奈川県生まれ。慶應義塾大学卒業後、東京會館クッキングスクール、恵比寿中華学院、日本菓子専門学校などで料理の研鑽を積む。
長らく続く料理教室は、母から娘へと代がかわっても、なお、その味とつくりやすさに魅了された多くの生徒さんたちが通い続けている。繊細でありながら勢いのある味は、誰をも唸らせるパワーに満ちている。また、鋭い味覚の持ち主で、脳裏に蓄積されているおいしい記憶に、新しく出会った味を重ね合わせ、洗練された独自の料理を創り出す。
雑誌、テレビ、新聞などのマスコミや食品広告のメニュー開発など、活躍は多岐にわたる。『オリーブオイル マジック』(文化出版局)、『小さなおもてなし100レシピ』(芝パーク出版)、『定番の味 たどりついた究極レシピ』(講談社)など著書も多数。
http://www.michikohouse.com/

アートディレクション　白石良一
デザイン　小野明子(白石デザイン・オフィス)
撮影　野口健志
スタイリング　綾部美恵子
料理アシスタント　下田美智子、二宮美佳、石黒裕紀、田中麻衣子
校閲　北方章子
編集　中村裕子
プリンティングディレクター　栗原哲朗(図書印刷)
野菜協力　石垣島花谷農園
器協力　UTUWA tel. 03-6447-0070／石垣島中村屋 tel. 0980-87-5075

あえものサラダ

2015年 7月 6日　　第1刷発行

著者　河村みち子
発行者　川畑慈範
発行所　東京書籍株式会社
　　　　東京都北区堀船2-17-1　〒114-8524
　　　　電話　03-5390 7531(営業)　03-5390-7508(編集)
印刷・製本　図書印刷株式会社

Copyright © 2015 by Michiko Kawamura
All Rights Reserved. Printed in Japan
ISBN978-4-487-80933-2 C2077

乱丁・落丁の際はお取り替えさせていただきます。
本書の内容を無断で転載することはかたくお断りいたします。